Alberta D. Jones

BREAKOUT BEYOND

SPIELANLEITUNG

Fortgeschrittene Strategien, versteckte Geheimnisse und Profi-Tipps, um jeden Spielmodus zu dominieren

Kapitel 1: Einführung in Breakout Beyond

1.1 Das Vermächtnis von Breakout: Von der Klassik bis darüber hinaus

Die Geburt einer Gaming-Ikone

Im Jahr 1976 veröffentlichte Atari **Breakout**, ein einfaches, aber süchtig machendes Arcade-Spiel, das zu einem der prägenden Titel der frühen Gaming-Ära wurde. **Das von Nolan Bushnell, Steve Wozniak und Steve Jobs entworfene** Spiel bestand aus einem mit einem Schläger gesteuerten Ball, der von einer Wand aus Ziegeln abprallte und sie beim Aufprall zerbrach. Das Ziel war es, alle Steine zu beseitigen und dabei den Ball im Spiel zu halten.

Breakout war ein großer Erfolg, inspirierte zahlreiche Klone und beeinflusste das Design zukünftiger Arcade-Spiele. Seine unkomplizierte Mechanik machte es leicht zu erlernen, aber schwierig zu meistern – eine Formel, die jahrzehntelang Bestand haben sollte.

Der Einfluss von Breakout auf die Gaming-Branche

Breakout legte den Grundstein für viele zukünftige Spiele, sowohl in Bezug auf die Spielmechanik als auch auf die technologische Innovation. Es beeinflusste direkt Titel wie **Arkanoid (1986)** von Taito, die das Konzept mit Power-Ups und neuen Steintypen erweiterten.

Abgesehen von den bahnbrechenden Spielen inspirierte die einfache, aber fesselnde Gameplay-Schleife von Breakout die Entwickler, physikbasierte Interaktionen in Spielen zu erforschen. Die Mechanik des Hüpfens von Projektilen und der präzisen Paddelsteuerung ist in Spielen wie Pong, Peggle und sogar bestimmten Flipperspielen zu sehen.

Entwicklung im Laufe der Jahre

Mit der Verbesserung der Gaming-Hardware wurden auch die Iterationen von Breakout verbessert. Das Spiel erlebte mehrere Versionen und Anpassungen auf verschiedenen Plattformen, darunter:

- **Super Breakout (1978)** – Eine verbesserte Version mit zusätzlichen Spielmodi und verbesserter Grafik.
- **Breakout 2000 (1996)** – Eine 3D-Neuinterpretation, die auf dem Atari Jaguar veröffentlicht wurde und dem klassischen Gameplay Tiefe verleiht.
- **Breakout (2000, PlayStation 1)** – Eine komplett neu interpretierte Version mit Abenteuerelementen und einer Handlung.
- **Verschiedene Mobil- und Browserversionen** – Mit dem Aufkommen von Mobile Gaming wurden von Breakout inspirierte Spiele zu einem festen Bestandteil auf Smartphones und Webplattformen.

Breakout Beyond: Die nächste Generation

Breakout Beyond baut auf dem Erbe seiner Vorgänger auf und führt gleichzeitig eine neue Perspektive ein. Im Gegensatz zur traditionellen **vertikalen** Ausrichtung früherer Spiele verfolgt Breakout Beyond einen **horizontalen** Gameplay-Ansatz, der eine neue Ebene der Strategie und Bewegungsdynamik bietet.

Mit moderner **Grafik, Power-Ups, Multiplayer-Modi und prozeduralen Herausforderungen** zielt Breakout Beyond darauf ab, die klassische Formel einer neuen Generation zugänglich zu machen und gleichzeitig das rasante, auf Geschicklichkeit basierende Gameplay beizubehalten, das das Original zur Legende gemacht hat.

1.2 Was ist neu in Breakout Beyond?

Eine frische horizontale Perspektive

Im Gegensatz zu früheren Versionen von Breakout, die traditionell **vertikales Gameplay** boten, **führt Breakout Beyond** einen **horizontalen Spielstil ein.** Diese Verschiebung verändert die Art und Weise, wie die Spieler mit dem Spiel interagieren, und erfordert neue Bewegungsstrategien und Ballkontrolltechniken.

Das horizontale Layout ermöglicht **breitere Leveldesigns** und bietet mehr Platz für kreative Herausforderungen, unterschiedliche Gegnerplatzierungen und **dynamische Hindernisse,** die das Gameplay frisch und modern erscheinen lassen.

Neue Power-Ups und Fähigkeiten

Breakout Beyond erweitert das klassische Power-Up-System durch die Einführung **neuer und verbesserter Fähigkeiten** , die das Gameplay verbessern. Zu den wichtigsten Power-Ups gehören:

- **Multi-Ball:** Teilt den Ball in mehrere Bälle auf, um chaotische Momente mit hohen Punktzahlen zu erzielen.
- **Laser Paddle:** Ermöglicht es dem Paddel, Laser abzufeuern und Blöcke direkt zu zerbrechen.

- **Magnetball:** Ermöglicht es dem Spieler, die Bewegung des Balls vorübergehend zu steuern.
- **Shield Booster:** Fügt eine Schutzbarriere hinzu, um zu verhindern, dass der Ball leicht verloren geht.

Diese Power-Ups sorgen für **strategische Tiefe** und ermöglichen es den Spielern, mit verschiedenen Kombinationen zu experimentieren, um ihre Effizienz zu maximieren.

Fortgeschrittene Level-Designs und Herausforderungen in der Umgebung

Breakout Beyond bietet **über 72 handgefertigte Levels**, jedes mit **einzigartigen Hindernissen und Mechaniken**. Im Gegensatz zu klassischen Breakout-Spielen, bei denen die Levels aus statischen Steinen bestehen, führt diese Version Folgendes ein:

- **Bewegliche Blöcke:** Steine, die ihre Position wechseln, was das Timing entscheidend macht.
- **Gefahren und Fallen:** Stacheln, Brandzonen und Energiefelder, die Präzision erfordern.
- **Mehrschichtige Levels:** Einige Levels erfordern das Durchbrechen mehrerer Schichten, bevor sie vorankommen können.
- **Interaktive Elemente:** Schalter, Portale und dynamische Strukturen, die das Gameplay verändern.

Diese Ergänzungen sorgen für ein spannendes Gameplay und zwingen die Spieler, **ihren Spielstil anzupassen** , um neue Hindernisse zu überwinden.

Multiplayer und Bestenlisten

Zum ersten Mal in einem Breakout-Spiel enthält **Breakout Beyond**:

- **Lokaler Koop-Modus:** Spiele mit einem Freund und arbeite zusammen, um Level zu meistern.
- **Online-Bestenlisten:** Tritt gegen Spieler aus der ganzen Welt an, um Highscores zu erzielen.
- **Endlos-Modus:** Eine Überlebensherausforderung, bei der die Spieler um den längsten Run kämpfen.

Diese Funktionen erhöhen den **Wiederspielwert und das kompetitive Spiel** und stellen sicher, dass die Spieler immer neue Herausforderungen bewältigen müssen.

Moderne Grafik und Soundtrack

Breakout Beyond bietet **lebendige Neongrafiken,** futuristische Animationen und **dynamische Lichteffekte**, die das Spiel optisch ansprechend machen. Darüber hinaus sorgt der **von Synthwave-Sounds inspirierte Soundtrack des Spiels** für ein fesselndes und energiegeladenes Erlebnis, das den Nervenkitzel beim Zerbrechen von Steinen noch verstärkt.

1.3 Plattformen und Systemanforderungen

Verfügbare Plattformen

Breakout Beyond soll auf mehreren Plattformen veröffentlicht werden, um die Zugänglichkeit für eine breite Palette von Spielern zu gewährleisten. Das Spiel wird verfügbar sein auf:

- **PC (Steam & Epic Games Store)**
- **PlayStation 4 und PlayStation 5**
- **Xbox One und Xbox Series X/S**
- **Nintendo Switch**
- **Atari VCS**

Jede Version ist optimiert, um die Vorteile der jeweiligen Plattform zu nutzen, mit **verbesserter Grafik, flüssiger Gameplay-Leistung und Controller-Unterstützung**.

Minimale und empfohlene Systemanforderungen (PC)

Für PC-Spieler ist es entscheidend für ein reibungsloses Erlebnis, sicherzustellen, dass ihr System die Anforderungen erfüllt. Unten sind die erwarteten **minimalen und empfohlenen Systemanforderungen** für das Spielen von **Breakout Beyond** auf einem Windows-PC aufgeführt.

Mindestanforderungen:

- **Betriebssystem:** Windows 10 (64-Bit)
- **Prozessor:** Intel Core i3-7100 / AMD Ryzen 3 1200
- **Arbeitsspeicher:** 4 GB RAM
- **Grafikkarte:** NVIDIA GeForce GTX 750 Ti / AMD Radeon R7 265
- **Speicherplatz:** 5 GB verfügbarer Speicherplatz
- **DirectX:** Version 11
- **Zusätzliche Hinweise:** Für Online-Funktionen ist eine stabile Internetverbindung erforderlich

Empfohlene Anforderungen:

- **Betriebssystem:** Windows 11 (64-Bit)

- **Prozessor:** Intel Core i5-9600K / AMD Ryzen 5 3600
- **Arbeitsspeicher:** 8 GB RAM
- **Grafikkarte:** NVIDIA GeForce GTX 1060 / AMD Radeon RX 580
- **Speicherplatz:** 10 GB verfügbarer Speicherplatz
- **DirectX:** Version 12
- **Zusätzliche Hinweise:** SSD empfohlen für schnellere Ladezeiten

Leistung auf Konsolen

- **PlayStation 5 & Xbox Series X/S:** 4K-Auflösung bei 60 FPS mit verbesserten visuellen Effekten
- **PlayStation 4 & Xbox One:** 1080p bei 30-60 FPS, je nach Leistungsmodus
- **Nintendo Switch:** 720p (Handheld) / 1080p (angedockt) mit 30 FPS
- **Atari VCS:** Optimiert für flüssiges Gameplay bei 1080p

Plattformübergreifende Funktionen

- **Cloud-Spielstände (PC & Konsolen):** Ermöglicht es Spielern, ihren Fortschritt auf verschiedenen Geräten fortzusetzen
- **Online-Bestenlisten:** Messen Sie sich mit Global Playern auf allen Plattformen
- **Multiplayer-Kompatibilität:** Lokaler Koop-Modus auf allen Plattformen verfügbar

1.4 So verwenden Sie diese Anleitung

Zweck dieses Leitfadens

Dieser Spielguide für **Breakout Beyond** soll Spielern aller Fähigkeitsstufen – egal ob du ein Neuling oder ein erfahrener Arcade-Veteran bist – helfen, die Mechaniken, Strategien und Geheimnisse des Spiels zu verstehen. Wenn Sie diesem Leitfaden folgen, erhalten Sie Einblicke in **Spieltechniken, Power-Ups, Levelfortschritt und fortgeschrittene Strategien,** um Ihre Erfahrung und Leistung im Spiel zu maximieren.

Struktur und Navigation des Guides

Um Ihnen die Suche nach den benötigten Informationen zu erleichtern, ist dieser Leitfaden in **10 strukturierte Kapitel unterteilt,** die sich jeweils auf einen wichtigen Aspekt des Spiels konzentrieren.

- **Kapitel 1:** Einführung und Überblick über Breakout Beyond
- **Kapitel 2:** Erste Schritte (Installation, Steuerung und Einstellungen)
- **Kapitel 3:** Grundlegende Spielmechaniken (Ballphysik, Paddelbewegung, Punktevergabe)
- **Kapitel 4:** Spielmodi und Herausforderungen (Klassisch, Abenteuer, Endlos und Koop)
- **Kapitel 5:** Power-Ups und Spezialfähigkeiten (wie man sie effektiv einsetzt)
- **Kapitel 6:** Leveldesign und Umweltgefahren (Überwinden von Hindernissen)
- **Kapitel 7:** Fortgeschrittene Strategien (Punktevergabe, Bestenlisten, kompetitives Spiel)

- **Kapitel 8:** Freischaltbare Gegenstände und Anpassungen (Erfolge, Skins, Easter Eggs)
- **Kapitel 9:** Multiplayer- und Online-Funktionen (Koop, Bestenlisten, DLCs)
- **Kapitel 10:** Tipps, Tricks und Fehlerbehebung (FAQs, Leistungskorrekturen)

Jedes Kapitel ist **in sich abgeschlossen**, so dass Sie direkt zu dem Abschnitt springen können, der Sie am meisten interessiert. Anfängern wird jedoch empfohlen, zuerst die **Kapitel 1-3 durchzulesen** , um die Grundlagen des Spiels zu verstehen, bevor sie sich mit fortgeschrittenen Strategien befassen.

Hauptmerkmale dieses Leitfadens

Damit Sie wichtige Details schnell erfassen können, enthält dieser Leitfaden:

- Detaillierte Erklärungen der Spielmechanik, Steuerung und Strategien
- Schritt-für-Schritt-Anleitungen für verschiedene Spielmodi und Herausforderungen
- Tipps zum Maximieren von Power-Ups und Spezialfähigkeiten
- Fortgeschrittene Techniken für kompetitives Spiel und Ranglisten-Ranking
- Lösungen zur Fehlerbehebung bei häufig auftretenden technischen Problemen

Für wen ist dieser Leitfaden gedacht?

- **Anfänger:** Lernen Sie die Grundlagen, verstehen Sie die Spielmechanik und verbessern Sie Ihre Fähigkeiten.
- **Gelegenheitsspieler:** Hole dir Tipps zu Power-Ups, Levelfortschritt und lustigen Spielmodi.
- **Kompetitive Spieler:** Entdecke Highscore-Strategien, Bestenlisten-Taktiken und Multiplayer-Tipps.
- **Vervollständiger:** Finde alle freischaltbaren Gegenstände, Easter Eggs und versteckten Funktionen.

So holen Sie das Beste aus diesem Leitfaden heraus

- **Lesen Sie die Abschnitte nach Bedarf:** Sie müssen nicht alles auf einmal durchgehen – springen Sie zu dem, was Sie brauchen.
- **Üben Sie neben dem Lesen: Wenden** Sie das Gelernte im echten Spiel an.
- **Experimentiere mit verschiedenen Strategien:** Passe Tipps und Tricks an deinen Spielstil an.
- **Bleiben Sie auf dem Laufenden:** Da das Spiel möglicherweise Updates und neue Inhalte erhält, sollten Sie sich den Leitfaden erneut ansehen, um neue Einblicke zu erhalten.

Kapitel 2: Erste Schritte

2.1 Installieren und Einrichten des Spiels

Herunterladen und Installieren von Breakout Beyond

Bevor Sie sich in die Action stürzen, müssen Sie **Breakout Beyond** auf Ihrer bevorzugten Plattform installieren. Das Spiel ist für **PC, PlayStation, Xbox, Nintendo Switch und Atari VCS erhältlich**. Führen Sie die folgenden Schritte für Ihr spezifisches System aus.

PC (Steam / Epic Games Store)

1. **Kaufe das Spiel** auf Steam oder im Epic Games Store.
2. **Lade den Spielclient** (Steam oder Epic Games Launcher) herunter, falls du dies noch nicht getan hast.
3. **Melden Sie sich bei** Ihrem Konto an.
4. **Suchen Sie im Store nach "Breakout Beyond"** und klicken Sie auf die Schaltfläche **Kaufen** oder **Installieren**.
5. Sobald der Download abgeschlossen ist, **starte das Spiel** aus deiner Bibliothek.

PlayStation (PS4 und PS5)

1. **Öffne den PlayStation Store** über das Hauptmenü.
2. **Suchen Sie nach "Breakout Beyond"** und wählen Sie das Spiel aus.
3. **Kaufe das Spiel und lade es herunter** .
4. Navigieren **Sie nach der Installation zu Ihrer Spielebibliothek** und beginnen Sie zu spielen.

Xbox (Xbox One und Xbox Series X/S)

1. **Wechseln Sie auf Ihrer Konsole zum Microsoft Store** .
2. **Suchen Sie nach "Breakout Beyond"** und kaufen Sie das Spiel.
3. **Laden Sie es herunter und installieren Sie** es auf Ihrer Konsole.
4. Suchen **Sie nach der Installation das Spiel in Ihrer Bibliothek** und beginnen Sie zu spielen.

Nintendo Switch

1. **Öffne den Nintendo eShop** über den Startbildschirm.
2. **Suchen Sie nach "Breakout Beyond"** und kaufen Sie das Spiel.
3. **Laden Sie das Spiel herunter** und warten Sie, bis die Installation abgeschlossen ist.
4. Das Spiel wird auf Ihrem Startbildschirm angezeigt und kann gestartet werden.

Atari VCS

1. **Öffnen Sie den Atari VCS Store.**
2. **Suchen und kaufen Sie** Breakout Beyond.
3. **Laden Sie das Spiel herunter und installieren Sie** es.
4. Starten Sie die Wiedergabe direkt über das **VCS-Dashboard**.

Ersteinrichtung und Einstellungen

Nach der Installation, wenn Sie **Breakout Beyond zum ersten Mal starten**, müssen Sie einige Einstellungen konfigurieren, um Ihr Spielerlebnis zu optimieren.

Anpassen von Anzeige und Grafik

- **PC:** Gehen Sie zu **Einstellungen > Grafik**, um Auflösung, Bildrate und Effekte anzupassen.
- **Konsole:** Das Spiel optimiert die Einstellungen automatisch, aber Sie können Helligkeit und Bewegungsunschärfe im Einstellungsmenü anpassen.

Anpassen von Steuerelementen

- **Gehen Sie zu Einstellungen > Steuerung**, um Tastenbelegungen oder Tastenbelegungen zu überprüfen.
- Auf **dem PC** können Sie zwischen **Tastatur/Maus und Controller wechseln.**
- Auf **Konsolen** können Sie die Tasten neu zuordnen, um eine komfortable Einrichtung zu ermöglichen.

Audio-Einstellungen

- Passen Sie **Musik, Soundeffekte und Voiceover-Lautstärke** nach Ihren Wünschen an.
- Wenn Sie Kopfhörer verwenden, aktivieren Sie **3D Audio (PS5) oder Spatial Sound (PC/Xbox)** für ein beeindruckendes Erlebnis.

Erstellen oder Verknüpfen Ihres Kontos

Für einige Funktionen, wie z. B. **Online-Bestenlisten und Multiplayer,** ist ein Konto erforderlich. Abhängig von Ihrer Plattform:

- **PC:** Melden Sie sich mit Steam oder Epic Games an.
- **PlayStation/Xbox:** Ihr **PSN/Xbox Live-Konto** wird automatisch verwendet.
- **Nintendo Switch:** Verwendet Ihren **Nintendo-Account.**

- **Atari VCS:** Melden Sie sich bei Ihrem **Atari VCS-Profil an**.

Erstmaliges Durchspielen

- Beginne mit dem **klassischen** Modus, um dich an die Mechanik zu gewöhnen.
- Experimentiere mit **Power-Ups und Ballkontrolle** , bevor du dich in anspruchsvollere Levels stürzt.
- Schauen Sie sich **das Tutorial an** , falls verfügbar, um fortgeschrittene Moves zu lernen.

2.2 Übersicht über das Hauptmenü und die Spielmodi

Navigieren im Hauptmenü

Wenn Sie **Breakout Beyond** starten, werden Sie zum **Hauptmenü weitergeleitet**, das als zentrale Drehscheibe für alle Spielmodi und Einstellungen dient. Das Menü ist für eine schnelle Navigation und einen einfachen Zugriff auf verschiedene Funktionen konzipiert. Zu den wichtigsten verfügbaren Optionen gehören:

- **Spielen** – Springe in verschiedene Spielmodi.
- **Multiplayer** – Greife auf Koop- und Online-Bestenlisten zu.
- **Einstellungen** – Passen Sie Steuerelemente, Audio- und Anzeigeeinstellungen an.
- **Bestenlisten** – Überprüfen Sie globale und persönliche Ranglisten.
- **Anpassung** – Ändern Sie Paddel-Skins, Balleffekte und Themen.
- **Erfolge & Freischaltbare Gegenstände** – Verfolge den Fortschritt bei Meilensteinen.

Jede dieser Optionen bietet Zugang zu verschiedenen Aspekten des Spiels und sorgt so für ein abgerundetes Erlebnis.

Übersicht über die Spielmodi

Breakout Beyond bietet mehrere Spielmodi für unterschiedliche Spielstile, von Gelegenheitsspaß bis hin zu kompetitiven Herausforderungen. Nachfolgend finden Sie eine Aufschlüsselung der einzelnen Modi.

Klassischer Modus

- Eine moderne Interpretation des ursprünglichen **Breakout-Erlebnisses** .
- Die Spieler kommen durch **immer schwierigere Levels** , indem sie alle Steine zerbrechen.
- Mit **Power-Ups, Hindernissen und dynamischer Physik,** um das Gameplay spannend zu halten.
- Am besten geeignet für **neue Spieler und nostalgische Fans** , die ein traditionelles Erlebnis suchen.

Abenteuer-Modus

- Ein storybasierter Modus, in dem die Spieler **verschiedene Welten erkunden,** während sie Steine zerbrechen.
- Enthält **Missionen, Bosskämpfe und Umweltgefahren.**
- Bietet **Power-Up-Upgrades und Charakterfortschritt.**
- Ideal für Spieler, die ein **immersives Einzelspieler-Erlebnis suchen**.

Endlos-Modus

- Eine **überlebensbasierte Herausforderung** , bei der die Spieler den Ball so lange wie möglich im Spiel halten müssen.

- Die Levels werden immer schwieriger, wodurch **neue Hindernisse und Geschwindigkeitssteigerungen eingeführt werden**.
- Ideal für **Spieler, die Highscore-Jagden und Ausdauerherausforderungen mögen**.

Mehrspieler-Modus

- **Lokaler Koop-Modus**: Spiele mit einem Freund im Splitscreen- oder Shared-Screen-Modus.
- **Online-Bestenlisten**: Kämpfe um die höchste Punktzahl gegen Spieler weltweit.
- **Versus-Modus**: Kämpfe gegen einen anderen Spieler, indem du ihm Hindernisse in den Weg schickst.
- Perfekt für alle, die **kompetitives und kooperatives Gameplay** mögen.

Herausforderungs-Modus

- Eine Reihe von **vorgefertigten Rätseln und Zielen** , die Geschicklichkeit und Strategie auf die Probe stellen.
- Enthält zeitbasierte Herausforderungen, Rätsel mit begrenzten Zügen und Highscore-Ziele.
- Empfohlen für **Spieler, die eine Mischung aus Strategie und reflexbasiertem Gameplay suchen**.

Auswählen des Spielmodus

So startest du einen Spielmodus:

1. Wählen Sie **im Hauptmenü** die Option "Wiedergabe".
2. Wählen Sie zwischen **dem klassischen, Abenteuer-, endlosen, Multiplayer- oder Herausforderungsmodus**.
3. Passen Sie den Schwierigkeitsgrad und die Spieleinstellungen an, falls verfügbar.

4. Drücken Sie **Start** , um mit der Wiedergabe zu beginnen.

2.3 Verstehen der Bedienelemente und Einstellungen

Übersicht über grundlegende Steuerelemente

Die Beherrschung der Steuerung ist für ein präzises Gameplay in **Breakout Beyond unerlässlich**. Unabhängig davon, ob Sie eine Tastatur, einen Controller oder einen Touchscreen verwenden, reaktionsschnelle Bewegungen sind der Schlüssel zum Erfolg.

PC (Tastatur- und Maussteuerung)

- **Paddel nach links verschieben – A-** oder **Linkspfeil**
- **Paddel nach rechts bewegen – D** oder **Pfeil nach rechts**
- **Ball starten – Leertaste**
- **Power-Up verwenden – Enter** oder **Linksklick**
- **Pause/Menü – Esc**
- **Stufe zurücksetzen – R**

PC (Controller-Unterstützung - Xbox/PlayStation)

- **Paddle nach links bewegen – linker Stick (links) / D-Pad nach links**
- **Bewegen Sie das Paddel nach rechts – linker Stick (rechts) / D-Pad nach rechts**
- **Launch Ball – A (Xbox) / X (PlayStation)**
- **Verwenden Sie Power-Up – rechter Auslöser (RT/R2)**
- **Pause/Menü – Start (Xbox) / Optionen (PlayStation)**
- **Reset Level – Auswählen / Touchpad**

Konsolensteuerung (PlayStation/Xbox/Nintendo Switch)

- **Move Paddle – Linker Stick / D-Pad**
- **Ball starten – Aktionstaste (X/A/B, je nach Konsole)**
- **Verwenden Sie das Einschalten – Auslösetaste (R2/ZR)**
- **Pause/Menü – Optionen/Menü-Taste**
- **Reset Level – Schaltfläche auswählen**

Touchscreen-Steuerung (Handy/Nintendo Switch Handheld)

- **Wischen Sie nach links/rechts** – Paddel bewegen
- **Tippen Sie auf den Bildschirm** – Ball starten
- **Tippen Sie auf das Power-Up-Symbol** – Power-Up aktivieren
- **Tippen mit zwei Fingern** – Menü pausieren

Anpassen von Steuerelementen

Spieler können die Steuerung im **Einstellungsmenü nach** ihren Wünschen neu zuordnen. Gehen Sie dazu wie folgt vor:

1. Navigieren Sie **im Hauptmenü zu** Einstellungen > Steuerung.
2. Wählen Sie **Tastenbelegungen** oder **Tastenbelegung** (je nach Plattform) aus.
3. Wählen Sie die Aktion aus, die Sie ändern möchten, und weisen Sie eine neue Taste/Schaltfläche zu.
4. Speichern Sie die Änderungen und testen Sie sie im Übungsmodus.

Übersicht über die Spieleinstellungen

Breakout Beyond bietet verschiedene **Einstellungen** , um das Gameplay basierend auf Ihren Vorlieben und Gerätefähigkeiten zu optimieren.

Grafikeinstellungen (nur PC- und Next-Gen-Konsolen)

- **Auflösung** – Passen Sie sie an Ihre Bildschirmgröße an (720p, 1080p, 1440p oder 4K).
- **Frame Rate Limit** – Wählen Sie zwischen **30 FPS, 60 FPS oder unbegrenzt FPS** (nur PC).
- **Visuelle Effekte** – Schalten Sie Bewegungsunschärfe, Partikeleffekte und Reflexionen um.
- **Helligkeit und Kontrast** – Passe die Sichtbarkeit des Bildschirms an, um das Gameplay klarer zu machen.

Audio-Einstellungen

- **Master Volume** – Steuert das gesamte Audio im Spiel.
- **Musiklautstärke** – Passt die Lautstärke der Hintergrundmusik an.
- **Soundeffekte** – Modifiziere Ballabprall-, Explosions- und Power-Up-Geräusche.
- **Sprachlautstärke** – Passt alle Sprachansagen oder Kommentare im Spiel an.
- **Surround Sound** – Ermöglicht immersives Audio auf unterstützten Systemen.

Gameplay-Einstellungen

- **Schwierigkeitsgrad** – Wählen Sie zwischen **dem leichten, normalen, schweren oder extremen Modus**.
- **Ballgeschwindigkeitsmodifikator** – Passe die Bewegungsgeschwindigkeit des Balls an, um den Schwierigkeitsgrad fein abzustimmen.
- **Paddelempfindlichkeit** – Ändern Sie, wie schnell sich das Paddel basierend auf der Eingabe bewegt.
- **Power-Up-Häufigkeit** – Legen Sie fest, wie oft Power-Ups während des Spiels erscheinen.

- **Vibrationsfeedback** – Aktivieren/Deaktivieren von Controller-Vibrationseffekten.

Speichern und Zurücksetzen von Einstellungen

Wenn Sie die Einstellungen auf die Standardeinstellungen zurücksetzen müssen:

1. Gehen Sie zu **Einstellungen > auf Auf Standard zurücksetzen**.
2. Bestätigen Sie das Zurücksetzen, und alle Einstellungen werden auf ihre ursprünglichen Werte zurückgesetzt.

2.4 Anpassen Ihres Spielerlebnisses

Breakout Beyond bietet eine Vielzahl von Anpassungsoptionen, die es den Spielern ermöglichen, ihr Erlebnis zu personalisieren, von der visuellen Ästhetik bis hin zu den Spielmechaniken. Egal, ob Sie das Aussehen des Schlägers anpassen, die Schwierigkeitseinstellungen anpassen oder die Barrierefreiheitsoptionen aktivieren möchten, in diesem Abschnitt erfahren Sie, wie Sie das Spiel an Ihre Vorlieben anpassen können.

Anpassung von Schlägern und Bällen

Die Spieler können das Aussehen ihres Schlägers und Balls an ihren Stil anpassen.

Anpassen des Paddels

- **Skins:** Schalte verschiedene Paddel-Designs frei und wende sie an. Einige werden durch das Spielen verdient, während andere als DLC erhältlich sind.

- **Glüheffekte:** Wählen Sie aus verschiedenen Licht- und Farbeffekten für ein einzigartiges visuelles Erlebnis.
- **Größenänderungen:** In bestimmten Modi können Sie die Paddelgröße anpassen, um den Schwierigkeitsgrad zu erhöhen oder zu verringern.

Anpassen des Balls

- **Ball-Skins:** Ändern Sie die Farbe, Textur oder das Design des Balls. Einige Skins enthalten Spezialeffekte wie eine Feuerspur oder Neonlicht.
- **Spureffekte:** Ändern Sie die Partikeleffekte, die der Bewegung des Balls folgen.
- **Ballgeschwindigkeit:** Passen Sie die Anfangsgeschwindigkeit des Balls für ein schnelleres oder langsameres Spiel an.

Schwierigkeits- und Spielmodifikatoren

Für Spieler, die ihre Gameplay-Herausforderung verfeinern möchten, **bietet Breakout Beyond** eine Reihe von Schwierigkeitsstufen und Spielmodifikatoren.

Schwierigkeitsgrade

- **Easy Mode:** Langsamere Ballgeschwindigkeit, breiterer Schläger und häufigere Power-Ups.
- **Normaler Modus:** Standard-Spielmechanik für ein ausgewogenes Erlebnis.
- **Schwerer Modus:** Schnellere Ballgeschwindigkeit, kleinerer Schläger und weniger Power-Ups.
- **Extrem-Modus:** Unvorhersehbare Ballphysik, feindliche Hindernisse und zusätzliche Herausforderungen.

Modifikatoren für benutzerdefinierte Spiele

Spieler können bestimmte Spielmechaniken aktivieren oder deaktivieren:

- **Schwerkrafteffekte:** Verändert die Physik des Balls, sodass er anders auf Oberflächen reagiert.
- **Einschalthäufigkeit:** Erhöhen oder verringern Sie die Rate, mit der Einschaltvorgänge angezeigt werden.
- **Haltbarkeit von Steinen:** Passt an, wie viele Treffer Steine benötigen, bevor sie zerbrechen.
- **Punktemultiplikator:** Passen Sie an, wie die Punkte je nach Schwierigkeitsgrad vergeben werden.

Optionen für Barrierefreiheit

Breakout Beyond enthält Barrierefreiheitsfunktionen, um allen Spielern ein angenehmes Erlebnis zu bieten.

- **Farbenblindheitsmodus:** Passt die Farben an, um die Sichtbarkeit für verschiedene Arten von Farbenblindheit zu verbessern.
- **Modus mit hohem Kontrast:** Erhöht die Sichtbarkeit von Spielelementen vor dem Hintergrund.
- **Bewegungsreduzierung:** Deaktiviert übermäßige visuelle Effekte, die Unbehagen verursachen können.
- **Adaptive Steuerung:** Ermöglicht die Neuzuordnung von Tasten und die Anpassung der Empfindlichkeit der Paddle-Bewegung.
- **Assist-Modus:** Verlangsamt die Ballbewegung und erhöht die Erkennung von Schlägerschlägen für Spieler, die ein weniger intensives Erlebnis benötigen.

Audio- und visuelle Einstellungen

Um die Immersion zu verbessern oder eine komfortable Spielumgebung zu schaffen, können die Spieler die Sound- und visuellen Einstellungen des Spiels anpassen.

Sound-Einstellungen

- **Hintergrundmusik:** Passen Sie die Lautstärke an oder wählen Sie verschiedene Musiktitel aus.
- **Soundeffekte:** Modifiziere Bounce-, Explosions- und Power-Up-Sounds.
- **Voiceover:** Aktiviere oder deaktiviere Sprachansagen im Spiel.

Visuelle Einstellungen

- **Screen Shake:** Aktiviere oder deaktiviere Effekte, wenn du Steine triffst oder Power-Ups aktivierst.
- **Bloom & Lighting Effects:** Schalten Sie die verbesserte Beleuchtung um, um ein kinoreiferes Gefühl zu erzielen.
- **HUD-Anpassung:** Passen Sie die Platzierung oder Transparenz von Punkteanzeigen und UI-Elementen an.

Speichern und Anwenden von benutzerdefinierten Einstellungen

So stellen Sie sicher, dass Ihre benutzerdefinierten Einstellungen gespeichert werden:

1. Navigieren Sie im **Hauptmenü zu** Einstellungen > Anpassung.
2. Passen Sie die Optionen wie gewünscht an.

3. Wählen Sie **Änderungen übernehmen** , um Ihre Einstellungen zu speichern.
4. Verwenden Sie bei Bedarf **Auf Standard zurücksetzen** , um zu den ursprünglichen Spieleinstellungen zurückzukehren.

Durch die Anpassung der Spieleinstellungen, der Grafik und der Steuerung kannst du ein **Breakout** Beyond-Erlebnis schaffen, das zu deinem Spielstil passt und jede Sitzung angenehmer und persönlicher macht.

Kapitel 3: Grundlegende Gameplay-Mechaniken

3.1 Wie die Ballphysik funktioniert

Ballbewegung verstehen

In **Breakout Beyond** ist die **Ballphysik** entscheidend für das Gameplay, da sie bestimmt, wie der Ball abprallt, beschleunigt und mit verschiedenen Oberflächen interagiert. Im Gegensatz zu herkömmlichen Arcade-Spielen führt diese Version **eine realistische Physik mit dynamischen Winkeln und Impulsverschiebungen** ein.

Physik-Mechanik von Key Ball:

- **Reflexionswinkel:** Der Abprallwinkel des Balls hängt davon ab, wo er auf den Schläger oder Block trifft.
- **Geschwindigkeitsskalierung:** Der Ball nimmt nach aufeinanderfolgenden Sprüngen allmählich an Geschwindigkeit zu, was die Herausforderung erhöht.
- **Spin-Mechanik:** Bestimmte Schläger ermöglichen es den Spielern, Spin anzuwenden, was die Flugbahn des Balls beeinflusst.
- **Reibungs- und Schwerkrafteffekte:** Einige Spielmodi führen variable Schwerkraft und Luftwiderstand ein.

Funktionsweise von Abprallwinkeln

- **Mitte des Paddels:** Ein gerader Sprung mit minimaler Winkelabweichung.

- **Kanten des Paddels:** Bewirkt schärfere Winkel, nützlich für strategisches Zielen.
- **Eckentreffer:** Macht die Richtung des Balls unberechenbar.

Schwung und Beschleunigung

- Das Schlagen von Power-Ups oder **speziellen Oberflächen** kann die Ballgeschwindigkeit verändern.
- Einige Power-Ups, wie z. B. **Zeitlupe**, verringern vorübergehend die Geschwindigkeit.
- Bewegt sich der Ball zu schnell, müssen die Spieler schnell reagieren, um die Kontrolle nicht zu verlieren.

Die Beherrschung dieser Physik hilft den Spielern, **strategisch zu zielen** und das **Spieltempo zu kontrollieren**.

3.2 Paddelbewegung und Steuerungstechniken

Grundlegende Paddelbewegungen

Der Schläger ist das wichtigste Werkzeug, um den Ball zu lenken, und seine Bewegungsmechanik ist der Schlüssel zum Erfolg.

- **Standardbewegung:** Bewege dich mit Tasten, einem Controller-Stick oder Touch-Gesten nach links oder rechts.
- **Präzisionssteuerung:** Einige Einstellungen ermöglichen eine fein abgestimmte Bewegung für eine bessere Genauigkeit.
- **Momentum Carry:** Plötzliche Richtungswechsel können sich darauf auswirken, wie der Ball abprallt.

Fortgeschrittene Paddeltechniken

- **Soft Deflections:** Leichtes Tippen auf den Ball anstelle von kraftvollen Rebounds hilft beim präzisen Zielen.
- **Power Shots:** Schnelle Paddelbewegungen beim Aufprall können die Ballgeschwindigkeit erhöhen.
- **Spin-Steuerung:** In einigen Modi können Paddles Spin für gebogene Schläge anwenden.
- **Edge Bounces:** Verwendung von Paddle-Kanten, um den Ball in knifflige Winkel umzulenken.

Die Beherrschung dieser Techniken wird die Gesamteffizienz des Spiels verbessern.

3.3 Blöcke brechen: Scoring und Strategien

So funktioniert die Punktevergabe

Die Spieler erhalten Punkte basierend auf der **Art des zerstörten Blocks, den verwendeten Kombos und Power-Ups.**

- **Basisblöcke:** Standardpunkte pro Treffer.
- **Multi-Hit-Blöcke:** Extrapunkte für das vollständige Durchbrechen.
- **Kettenreaktionen:** Aufeinanderfolgende Treffer, ohne dass der Ball fallen gelassen wird, erhöhen die Kombo-Multiplikatoren.
- **Power-Up-Blöcke: Bieten Bonuspunkte** und temporäre Effekte.

Strategien für effizientes Scoring

- **Eckenfallen: Wenn** der Ball in einer Schleife in der Nähe von Blöcken stecken bleibt, maximiert man die Zerstörung.
- **Winkelmanipulation:** Mit dem Paddel auf Schwachstellen in Blockformationen zielen.
- **Combo-Ketten:** Wenn du den Ball in Bewegung hältst, ohne dass ein Fehlschuss getroffen wird, erhöht sich die Punktemultiplikatoren.
- **Power-Ups im Visier:** Wenn du bestimmte Blöcke zuerst zerbrichst, kannst du mächtige Fähigkeiten freischalten.

Ein ausgewogenes Verhältnis von **Präzision, Geschwindigkeit und Timing** trägt dazu bei, die Punktzahl zu maximieren.

3.4 Umgang mit Leben und Game Over-Bedingungen

Das Lebenssystem verstehen

- Die Spieler beginnen mit **einer festgelegten Anzahl von Leben** (variiert je nach Schwierigkeitsgrad).
- Ein Leben ist verloren, wenn der Ball **ohne Sicherheitsnetz (falls vorhanden)** unter den Schläger fällt.
- Einige Power-Ups oder Erfolge gewähren **zusätzliche Leben**.

Game Over-Bedingungen

- **Einzelspieler:** Das Spiel endet, wenn alle Leben verloren sind.
- **Endlos-Modus:** Die Spieler machen so lange weiter, bis sie die Ballbewegung nicht mehr aufrechterhalten können.

- **Multiplayer-Modus:** Je nach Spieleinstellungen können geteilte oder individuelle Leben geführt werden.

Verhindern von Game Over

- Nutzen Sie die **Positionierung des Schlägers** effektiv, um den Ball nicht zu verpassen.
- Aktiviere **nach Möglichkeit Extra-Life-Power-Ups** .
- Lerne und beherrsche **Ballkontrolltechniken** , um bessere Überlebenschancen zu haben.

Mit etwas Übung können die Spieler **die Spielzeit verlängern, hohe Punktzahlen halten und in schwierigeren Levels länger überleben.**

Kapitel 4: Spielmodi erklärt

4.1 Klassischer Modus: Traditionelles Breakout-Erlebnis

Überblick über den klassischen Modus

Der klassische Modus ist eine **modernisierte Version der traditionellen Breakout-Formel**, bei der die Spieler versuchen, alle Blöcke in einem Level mit einem hüpfenden Ball und einem beweglichen Paddle zu entfernen. Dieser Modus bleibt der Kernmechanik treu, die das Originalspiel zu einem Hit gemacht hat, und integriert gleichzeitig verbesserte Grafiken, Power-Ups und Physik für ein verfeinertes Erlebnis.

So funktioniert der klassische Modus

- Die Spieler beginnen mit **einer festgelegten Anzahl von Leben**.
- Das Ziel ist es, alle Blöcke auf dem Bildschirm **zu zerbrechen**, bevor die Leben ausgehen.
- Der Ball nimmt mit der Zeit **an Geschwindigkeit zu**, wodurch es immer schwieriger wird, ihn zu kontrollieren.
- Die Spieler können **Power-Ups sammeln**, um vorübergehende Vorteile zu erlangen.

Schwierigkeitseinstellungen im klassischen Modus

- **Einfacher Modus:** Langsamere Ballgeschwindigkeit, größerer Schläger und häufige Power-Ups.
- **Normaler Modus:** Standard-Spielmechanik.

- **Schwerer Modus:** Schnellere Ballgeschwindigkeit, kleinerer Schläger und weniger Power-Ups.
- **Extrem-Modus:** Unvorhersehbare Ballphysik und zusätzliche Hindernisse.

Die besten Strategien für den klassischen Modus

- **Corner Looping:** Zielen Sie auf Ecken, um den Ball in einer Schleife gefangen zu bekommen, um einen kontinuierlichen Block zu zerstören.
- **Kontrollierte Paddelbewegung:** Bewegen Sie sich sanft, um unvorhersehbare Sprünge zu vermeiden.
- **Power-Ups priorisieren:** Einige Power-Ups (wie der Multi-Ball) können Levels schneller abschließen.
- **Achte auf Geschwindigkeitssteigerungen:** Bereite dich auf schnellere Ballbewegungen vor, während die Levels voranschreiten.

4.2 Abenteuermodus: Levelfortschritt und Herausforderungen

Was macht den Abenteuermodus einzigartig?

Im Gegensatz zum klassischen Modus führt der Abenteuermodus **einen strukturierten Levelfortschritt, einzigartige Herausforderungen und narrative Elemente ein**. Jede Stufe verfügt über unterschiedliche Layouts, Hindernisse und missionsbasierte Ziele, die dem Gameplay Abwechslung verleihen.

Funktionen des Abenteuermodus

- **Progressives Level-System:** Jede Stufe ist einzigartig gestaltet und wird immer schwieriger.

- **Missionen und Ziele:** Es kann sein, dass die Spieler **innerhalb eines Zeitlimits bestimmte Power-Ups freischalten, Bosse besiegen oder Level abschließen** müssen.
- **Thematische Umgebungen:** Die Levels finden in unterschiedlichen Welten statt, jede mit ihrer eigenen Ästhetik und ihren eigenen Herausforderungen.
- **Freischaltbare Belohnungen:** Durch das Abschließen von Stufen werden **neue Paddel-Skins, Balleffekte und geheime Levels** freigeschaltet.

Herausforderungen im Abenteuermodus

- **Bosskämpfe:** Bestimmte Levels bieten KI-gesteuerte Bosse, die strategisches Spiel erfordern.
- **Gefahren für die Umgebung:** Bewegliche Hindernisse, Schwerkraftverschiebungen und Windeffekte können die Flugbahn des Balls verändern.
- **Begrenzte Power-Ups:** Einige Levels schränken Power-Ups ein und erfordern präzises Können, um voranzukommen.

Tipps für den Abenteuermodus

- **Passen Sie sich dem Leveldesign an:** Studieren Sie das Layout, bevor Sie Ihren ersten Schuss machen.
- **Setze Power-Ups mit Bedacht ein:** Hebe dir wichtige Power-Ups für schwierigere Abschnitte eines Levels auf.
- **Antizipiere Bossmuster:** Lerne Angriffszyklen und Schwachstellen in Bosskämpfen kennen.

4.3 Endlos-Modus: Am längsten überleben

Was ist der Endlosmodus?

Der Endlosmodus ist eine **überlebensbasierte Herausforderung**, bei der die Spieler den Ball so lange wie möglich im Spiel halten müssen. Im Gegensatz zu anderen Modi besteht das Ziel nicht darin, alle Blöcke zu räumen, sondern **so hoch wie möglich zu punkten, bevor alle Leben verloren gehen.**

Die wichtigsten Mechaniken des Endlosmodus

- **Steigender Schwierigkeitsgrad:** Der Ball wird **mit der Zeit schneller** und neue Hindernisse tauchen auf.
- **Zufällige Blocklayouts:** Keine zwei Durchläufe sind gleich, da sich die Blockanordnung in jeder Runde ändert.
- **Begrenzte Power-Ups:** Einige Power-Ups erscheinen seltener, was das Überleben erschwert.
- **Combo-Multiplikator-System:** Aufeinanderfolgende Treffer ohne Ballverlust bauen Punktemultiplikatoren auf.

Überlebenstipps für den Endlosmodus

- **Bleib in der Nähe der Mitte:** Dies gibt eine bessere Reaktionszeit auf unerwartete Ballbewegungen.
- **Extraleben priorisieren:** Sammle nach Möglichkeit lebenssteigernde Power-Ups.
- **Behalten Sie Combo-Ketten bei:** Wenn Sie einen hohen Multiplikator beibehalten, können Sie Ihre Punktzahl maximieren.

- **Verwenden Sie abgewinkelte Schläge:** Wenn Sie den Ball unvorhersehbar in Bewegung halten, kann er länger im Spiel bleiben.

4.4 Lokaler Koop: Mit Freunden spielen

So funktioniert Local Co-op

Der lokale Koop-Modus ermöglicht es **zwei Spielern, sich zusammenzuschließen** und gemeinsam auf demselben Bildschirm zu spielen. Dieser Modus ist auf unterhaltsames, kollaboratives Gameplay ausgelegt und erfordert Teamarbeit, um erfolgreich zu sein.

Arten von lokalen Koop-Modi

- **Shared Paddle Mode:** Beide Spieler steuern das gleiche Paddle, was Koordination erfordert.
- **Split-Paddle-Modus:** Jeder Spieler steuert sein eigenes Paddel, das auf gegenüberliegenden Seiten positioniert ist.
- **Versus-Modus:** Die Spieler treten gegeneinander an, um zu sehen, wer vor einem Zeitlimit die meisten Punkte erzielen kann.

Die besten Strategien für den Koop-Modus

- **Kommunizieren Sie mit Ihrem Partner:** Entscheiden Sie, wer welchen Bereich des Bildschirms abdeckt.
- **Nutze die Vorteile von zwei Paddles:** Im Split-Paddle-Modus kannst du Teamwork nutzen, um den Ball in Ecken zu fangen.

- **Koordinieren Sie die Nutzung von Power-Ups:** Einige Power-Ups wirken sich auf beide Spieler aus, also planen Sie, wann Sie sie aktivieren.

Warum im lokalen Koop-Modus spielen?

- **Mehr Spaß mit Freunden:** Perfekt für Couch-Gaming-Sessions.
- **Wettbewerbsvorteil:** Fordert euch gegenseitig heraus, um die höchste Punktzahl zu erreichen.
- **Teambasierte Strategie:** Die Zusammenarbeit macht das Spielen auf hohem Niveau spannender.

Mit diesen Modi können die Spieler den Spielstil wählen, der ihren Vorlieben am besten entspricht, egal ob es sich um **klassische Arcade-Action, ein immersives Abenteuer, endloses Überleben oder Koop-Spaß** handelt!

Kapitel 5: Power-Ups und Spezialfähigkeiten

5.1 Arten von Power-Ups und ihre Auswirkungen

Power-Ups in **Breakout Beyond** sorgen für eine zusätzliche Ebene der Strategie und Spannung und ermöglichen es den Spielern, den Ball, den Schläger und sogar das Spielfeld zu manipulieren. Diese Power-Ups kannst du sammeln, indem du spezielle Blöcke triffst oder bestimmte Ziele im Spiel erfüllst.

Offensive Power-Ups

- **Multi-Ball:** Teilt den Ball in mehrere Kopien auf, wodurch die Zerstörungsgeschwindigkeit erhöht wird.
- **Feuerball:** Der Ball durchdringt mehrere Steine, ohne abzuprallen.
- **Explosive Kugel:** Verursacht beim Aufprall eine kleine Explosion, die Steine in der Nähe zerbricht.
- **Laser Paddle:** Rüstet das Paddel mit einer Laserkanone aus, um Ziegel zu schießen und zu zerstören.

Defensive Power-Ups

- **Erweitertes Paddel:** Erhöht vorübergehend die Paddelbreite für eine bessere Kontrolle.
- **Sticky Paddle:** Der Ball bleibt am Paddel haften, um vor dem Loslassen präzise zu zielen.

- **Shield Barrier:** Unter dem Schläger befindet sich ein Schutzschild, das den Ball davor bewahrt, einmal verloren zu gehen.
- **Zeitlupe:** Verlangsamt vorübergehend die Geschwindigkeit des Balls, um die Reaktionszeit zu verbessern.

Power-Ups für Versorgungsunternehmen

- **Magnetball:** Der Ball wird auf bestimmte Blöcke gezogen, was das Zielen erleichtert.
- **Zeitstopp:** Friert alle Blöcke an Ort und Stelle ein und verhindert so bewegungsbasierte Hindernisse.
- **Punktemultiplikator:** Verdoppelt oder verdreifacht die erzielte Punktzahl für eine begrenzte Zeit.
- **Gravity Shift:** Ändert die Ballphysik und ermöglicht einzigartige Abprallwinkel.

Negative Power-Ups (Debuffs)

- **Shrink Paddle:** Reduziert die Größe des Schlägers, wodurch es schwieriger wird, den Ball zu treffen.
- **Speed Boost:** Erhöht die Geschwindigkeit des Balls drastisch, wodurch er schwer zu kontrollieren ist.
- **Reverse Controls:** Kehrt die Bewegung des Paddles vorübergehend um.
- **Blackout:** Verdunkelt den Bildschirm und verringert die Sichtbarkeit für einige Sekunden.

5.2 Wann und wie man Power-Ups verwendet

Der strategische Einsatz von Power-Ups kann den Unterschied zwischen Sieg und Niederlage ausmachen. Einige Power-Ups funktionieren am besten, wenn sie im richtigen Moment aktiviert werden.

Die besten Situationen für offensive Power-Ups

- **Multi-Ball:** Verwende diese Option, wenn noch viele Blöcke übrig sind, aber vermeide sie, wenn du Schwierigkeiten hast, mehrere Bälle zu verfolgen.
- **Feuerball & Explosiver Ball:** Wird aktiviert, wenn du mit mehreren Treffern oder verstärkten Blöcken konfrontiert bist.
- **Laser Paddle:** Wird verwendet, wenn Steine mit normaler Ballbewegung schwer zu erreichen sind.

Wann sollte man defensive Power-Ups verwenden?

- **Erweiterter Schläger:** Aktivieren Sie diese Option, wenn sich der Ball zu schnell bewegt, um mehr Komfort zu gewährleisten.
- **Sticky Paddle:** Zum präzisen Zielen verwendet, wenn Sie auf eine schwierige Stelle zielen.
- **Schildbarriere:** Behalte sie als Backup in herausfordernden Levels.

Power-Ups für Versorgungsunternehmen und ihre besten Anwendungsfälle

- **Punktemultiplikator:** Aktiviere diese Option, wenn du eine **hohe Kombo-Serie hast** , um die Punktzahl zu maximieren.
- **Gravity Shift:** Verwende sie in Levels mit kniffligen Layouts, um neue Anstellwinkel zu schaffen.
- **Magnetkugel:** Aktiviere sie, wenn Präzision gefragt ist, z. B. in Levels im Puzzle-Stil.

5.3 Mehrere Power-Ups strategisch verwalten

Die Spieler können mehrere Power-Ups gleichzeitig sammeln, aber die Wahl der richtigen Kombinationen kann der Schlüssel zum Erfolg sein.

Stacking-kompatible Power-Ups

Einige Power-Ups passen gut zusammen:

- **Multi-Ball + Punkte-Multiplikator:** Maximieren Sie den Punktegewinn mit mehreren aktiven Bällen.
- **Sticky Paddle + Fireball:** Hilft beim präzisen Zielen von Feuerbällen, um maximale Blockzerstörung zu erzielen.
- **Erweitertes Paddel + Schildbarriere:** Bietet maximale Verteidigung bei Hochgeschwindigkeits-Gameplay.

Schädliche Kombinationen vermeiden

Nicht alle Power-Ups sollten zusammen verwendet werden:

- **Multi-Ball + Speed Boost:** Macht es zu schwer, alle Bälle zu verfolgen.
- **Zeitlupe + Explosiver Ball:** Verlangsamt das Spiel, wenn ein explosiver Ansatz besser wäre.
- **Gravity Shift + Magnet Ball:** Kann unvorhersehbares Ballverhalten verursachen.

Priorisierung von Power-ups

Wenn mehrere Power-Ups gleichzeitig angezeigt werden:

1. **Wähle zuerst defensive Power-Ups** , wenn du Schwierigkeiten hast, den Ball im Spiel zu halten.
2. **Entscheide dich für offensive Power-Ups** , wenn das Entfernen von Blöcken Priorität hat.
3. **Verwenden Sie die Utility-Power-Ups zuletzt** , um zusätzliche Vorteile zu erhalten, nachdem der Spielbereich gesichert ist.

5.4 Versteckte Spezialfähigkeiten freischalten

Neben den Standard-Power-Ups **bietet Breakout Beyond** versteckte Spezialfähigkeiten, die durch Herausforderungen und Erfolge freigeschaltet werden können.

So schaltest du Spezialfähigkeiten frei

- **Highscore-Meisterschaft:** Erreiche bestimmte Punkteschwellen in verschiedenen Modi.
- **Geheime Level-Abschlüsse:** In einigen Levels verbergen sich die Freischaltung von Spezialfähigkeiten.
- **Perfekte Serien: Aufeinanderfolgende** Level-Siege ohne Verlust eines Lebens können einzigartige Fähigkeiten belohnen.
- **Power-Up-Meisterschaft:** Wenn du bestimmte Power-Ups eine bestimmte Anzahl von Malen verwendest, werden verbesserte Versionen freigeschaltet.

Beispiele für Spezialfähigkeiten

- **Infinity Ball:** Ein Ball, der nie langsamer wird und erst nach einer bestimmten Zeit verloren gehen kann.

- **Warpschuss:** Ermöglicht es dem Ball, sich an eine ausgewählte Stelle auf dem Brett zu teleportieren.
- **Supercharged Laser Paddle:** Feuert stärkere Laser ab, die mehrere Steine auf einmal zerstören.
- **Zeitrücklauf:** Dreht die Zeit kurzzeitig zurück und stellt die letzten Sekunden des Spiels wieder her.

Spezialfähigkeiten mit Bedacht einsetzen

- Spezialfähigkeiten sind pro **Spielsitzung** oft nur begrenzt einsetzbar.
- Hebe sie dir für **Bosskämpfe oder extrem schwierige Levels auf.**
- Einige Fähigkeiten haben eine Abklingzeit, also plane im Voraus, bevor du sie aktivierst.

Durch das Meistern von Power-Ups und das Freischalten **versteckter Fähigkeiten** können die Spieler ihr **Breakout Beyond-Erlebnis** erheblich verbessern und das Gameplay dynamischer, strategischer und lohnender gestalten.

Kapitel 6: Leveldesign und Herausforderungen

6.1 Verstehen verschiedener Ebenenlayouts

Breakout Beyond führt eine **Vielzahl von Leveldesigns ein** , die die Spieler mit einzigartigen Blockanordnungen, Hindernissen und Gameplay-Wendungen herausfordern. Das Verständnis dieser Layouts ist entscheidend für strategisches Spiel und effizienten Fortschritt.

Allgemeine Ebenenlayouttypen

1. **Klassisches Rasterlayout**

   - Standardmäßige rechteckige Blockanordnungen.
   - Am besten mit **abgewinkelten Schüssen** , um die Effizienz beim Blockbrechen zu maximieren.
2. **Labyrinthartige Strukturen**

   - Die Blöcke bilden **komplizierte Muster**, die eine präzise Ballkontrolle erfordern.
   - Es kann sein, dass die Spieler **den Ball von Wänden abprallen lassen müssen** , um versteckte Bereiche zu erreichen.
3. **Gestapelte Schichten**

- Blöcke werden in überlappenden Schichten positioniert, wobei **Blöcke mit mehreren Treffern oben liegen.**
- Die Herausforderung besteht darin, **die äußeren Schichten zu durchbrechen, bevor man die inneren Blöcke erreicht.**

4. **Verschieben von Blockmustern**

- Einige Levels haben **dynamische Elemente**, wobei sich die Positionen der Blöcke im Laufe der Zeit ändern.
- Das Timing ist der Schlüssel, um Blöcke zu treffen, bevor sie sich entfernen.

5. **Von der Schwerkraft beeinflusste Levels**

- Bestimmte Stufen führen **zu Verschiebungen der geringen Schwerkraft oder der gerichteten Schwerkraft.**
- Die Spieler müssen ihre Paddelbewegungen anpassen, um Änderungen der Ballflugbahn auszugleichen.

Strategien für unterschiedliche Layouts

- **Setze Power-Ups mit Bedacht ein**: In **gestapelten Levels** räumen Feuerbälle oder Sprengbälle mehrere Schichten schneller ab.
- **Winkeln Sie den Ball für maximale Wirkung an**: Lassen Sie den Ball in **labyrinthartigen Designs** in spitzen Winkeln abprallen, um unzugängliche Stellen zu erreichen.
- **Bewegungsmuster beobachten**: Warten Sie in **dynamischen Layouts** auf den richtigen Moment, bevor Sie eine Aufnahme machen.

6.2 Umweltgefahren und wie man sie vermeidet

Viele Levels in **Breakout Beyond** führen Umweltgefahren ein, die zusätzliche Schwierigkeiten verursachen. Diese Elemente **wirken sich auf die Ballbewegung, die Paddelkontrolle oder den Levelfortschritt aus** und verlangen von den Spielern, ihre Strategien anzupassen.

Arten von Umweltgefahren

1. Bewegliche Hindernisse

- Einige Levels enthalten Barrieren, die sich verschieben und **den Weg des Balls vorübergehend blockieren**.
- **Vermeidungstipp: Plane deine Schläge** so, dass der Ball abprallt, wenn sich die Barriere entfernt.

2. Unzerbrechliche Blöcke

- Unzerstörbare Barrieren zwingen die Spieler, **alternative Ballwinkel zu finden**.
- **Vermeidungstipp:** Zielen Sie auf Lücken zwischen unzerbrechlichen Blöcken, um **zerbrechliche Bereiche anzuvisieren**.

3. Geschwindigkeitszonen

- Einige Bereiche des **Bildschirms erhöhen die Geschwindigkeit des Balls** bei Kontakt drastisch.
- **Vermeidungstipp:** Halten Sie den Schläger **zentriert**, um schnell zu reagieren, wenn der Ball zurückkommt.

4. Kontrollzonen umkehren

- Bestimmte Bereiche **kehren die Paddelbewegung vorübergehend um,** was die Kontrolle erschwert.
- **Vermeidungstipp:** Bewegen Sie sich vorsichtig in diesen Zonen und bereiten Sie sich darauf vor, die Kontrollgewohnheiten anzupassen.

5. Teleportationsportale

- Der Ball tritt in ein Portal ein und wieder aus, wodurch **sich seine Flugbahn unvorhersehbar ändert.**
- **Vermeidungstipp:** Informieren Sie sich frühzeitig über Portalausstiegspunkte und passen Sie Ihre Paddelposition entsprechend an.

Allgemeine Strategien zur Vermeidung von Gefahren

- **Merken Sie sich Gefahrenpositionen** , bevor Sie riskante Schüsse abgeben.
- **Verwende Zeitlupen-Power-Ups** , falls verfügbar, um durch knifflige Abschnitte zu navigieren.
- **Passen Sie Ihr Timing** basierend auf den Bewegungsmustern von Hindernissen an.

6.3 Puzzle-Elemente und versteckte Pfade

Einige Levels in **Breakout Beyond** bieten **puzzleartige Mechaniken**, bei denen das einfache Zerbrechen von Blöcken nicht ausreicht, um voranzukommen. Stattdessen müssen die Spieler herausfinden, wie sie am besten versteckte Bereiche freischalten, Spezialeffekte auslösen oder die Umgebung manipulieren können, um erfolgreich zu sein.

Arten von Puzzle-Elementen

1. Schaltaktivierte Blöcke

- Bestimmte Blöcke sind **gesperrt, bis ein Schalter durch** Treffen eines bestimmten Ziels aktiviert wird.
- **Lösung:** Erkennen Sie Switch-Blöcke frühzeitig und zielen Sie mit dem Ball so, dass sie so schnell wie möglich ausgelöst werden.

2. Farbcodierte Blockchains

- Einige Blöcke sind farblich miteinander verknüpft, was bedeutet, dass **beim Brechen eines Blocks alle passenden Blöcke gelöscht werden können**.
- **Lösung:** Priorisieren Sie das Unterbrechen von Schlüsselblöcken, um kaskadierende Effekte zu erzeugen.

3. Zeitlich begrenzte Türen

- Einige Ebenen haben **Türen oder Wände, die** sich in Abständen öffnen und schließen.
- **Lösung:** Achten Sie auf das Timing der Tür und zielen Sie sorgfältig darauf, die Kugel im geöffneten Zustand durchzuschießen.

4. Versteckte Pfade mit mehreren Treffern

- Einige zerstörbare Wände erfordern **mehrere Treffer,** bevor sie geheime Pfade freilegen.
- **Lösung:** Konzentrieren Sie sich auf **Bereiche, die verdächtig aussehen** – versteckte Wege führen oft zu **Bonusbelohnungen oder Abkürzungen**.

So finden Sie versteckte Pfade

- **Zielen Sie auf Eckbereiche:** Versteckte Wege sind oft hinter Mauern oder schwer zugänglichen Stellen versteckt.
- **Achten Sie auf leichte Farbunterschiede:** Einige zerbrechliche Wände sehen etwas anders aus als normale.
- **Nutze Power-Ups zu deinem Vorteil:** Explosive oder Feuerball-Power-Ups helfen dabei, geheime Bereiche schneller zu enthüllen.

Indem sie lernen, wie man diese Puzzleelemente manipuliert, können die Spieler **geheime Bereiche freischalten, Bonuspunkte verdienen und exklusive Belohnungen erhalten.**

6.4 Anpassung an zunehmende Schwierigkeit

Je weiter die Spieler in **Breakout Beyond** vorankommen, desto **komplexer werden die Levels, schneller und voller Hindernisse.** Die Anpassung an diese Veränderungen ist der Schlüssel, um das Spiel zu meistern.

Wie sich der Schwierigkeitsgrad erhöht

- **Schnellere Ballgeschwindigkeit:** Im Laufe des Levels bewegt sich der Ball **schneller**, was schnellere Reflexe erfordert.
- **Härtere Blockmuster:** Die Levels bieten **unzerbrechlichere Blöcke, bewegliche Plattformen und knifflige Winkel.**
- **Mehr Gefahren:** Rückwärtssteuerung, Teleporter und Geschwindigkeitsschübe werden immer häufiger.
- **Begrenzte Power-Ups:** Das Spiel bietet **weniger hilfreiche Power-Ups**, wodurch man sich auf sein Können verlassen muss.

Tipps zur Anpassung an härtere Levels

1. Verbessern Sie die Reaktionszeit

- **Bleibe** mit dem Paddel zentriert, um schneller zu reagieren.
- Nutze **langsamere Ballwinkel,** um dir mehr Zeit zu geben, dich auf den nächsten Schlag vorzubereiten.

2. Meistere die Ballkontrolle

- Erfahren Sie, wie Sie **Pagelwinkel verwenden** , um die Ballbewegung zu steuern.
- Verwende das **Sticky Paddle Power-Up** für präzises Zielen.

3. Priorisieren Sie Schlüsselblöcke

- Zielen Sie frühzeitig auf **Multi-Hit-Blöcke oder -Switches** , um einfachere Wege zu eröffnen.
- Wenn die **Level nur wenig Platz haben**, konzentriere dich zuerst darauf, die Mitte zu räumen.

4. Bewahren Sie Power-Ups für spätere Phasen auf

- Verschwende keine starken Power-Ups in **frühen, einfachen Abschnitten** eines Levels.
- Spare dir Schilde, Feuerbälle und Laserpaddel auf, wenn **die Blockdichte zunimmt.**

Kapitel 7: Fortgeschrittene Strategien für Highscores

7.1 Perfektionieren Sie Ihre Reflexe und Ihr Timing

In **Breakout Beyond** hängt der Erfolg oft von **schnellen Reflexen und präzisem Timing ab**. Wenn die Ballgeschwindigkeit zunimmt und die Hindernisse immer herausfordernder werden, ist die Beherrschung dieser Fähigkeiten für Highscore-Runs unerlässlich.

Wie man die Reflexe verbessert

- **Konzentrieren Sie sich auf den Ball**: Vermeiden Sie Ablenkungen und trainieren Sie Ihre Augen, um der Bewegung des Balls jederzeit zu folgen.
- **Nutzen Sie das periphere Sehen**: Anstatt sich auf den Schläger zu fixieren, entwickeln Sie die Fähigkeit, sowohl den Ball als auch bevorstehende Hindernisse gleichzeitig zu verfolgen.
- **Üben Sie mit Hochgeschwindigkeits-Levels**: Das Spielen im **Endlosmodus** oder gegen schnelle Levels kann helfen, Ihre Reflexe zu schärfen.

Timing deiner Paddelbewegungen

- **Warten Sie auf den richtigen Moment**: Zu früh oder zu spät zu schwingen, kann den Ball in unvorhersehbare Richtungen schicken.

- **Lernen Sie, sich spontan anzupassen**: Reagieren Sie auf Änderungen in letzter Sekunde, z. B. wenn der Ball einen unerwarteten Winkel trifft oder ein sich bewegender Block.
- **Verwenden Sie Zeitlupen-Power-Ups mit Bedacht**: Falls verfügbar, kann die Aktivierung der **Zeitlupe** während Hochgeschwindigkeitssequenzen helfen, die Kontrolle wiederzuerlangen.

Übungen zur Verbesserung der Reflexe

- **Wärmen Sie sich in langsameren Spielmodi auf** , bevor Sie schwierigere Levels in Angriff nehmen.
- **Spiele bewusst mit erhöhter Geschwindigkeit** , um schnelle Reaktionen zu erzwingen.
- **Fordere dich mit unvorhersehbaren Schlägen heraus**, indem du schräge Spielzüge und Ablenkungen ausführst.

Mit **konsequentem Training und Konzentration** können die Spieler die Reaktionszeiten erheblich verbessern und selbst die schwierigsten Levels **leichter bewältigen**.

7.2 Winkelsteuerung und Vorhersage der Ballbewegung

Die Beherrschung **der Winkelkontrolle** ist eine der wichtigsten Fähigkeiten, um Highscores in **Breakout Beyond zu erreichen**. Da die Flugbahn des Balls davon abhängt, wo er den Schläger trifft, ermöglicht die präzise Steuerung den Spielern, **optimale Rebounds zu erzielen** und lange Serien beizubehalten.

Ballwinkel verstehen

- **Center Hits → Straight Shots**: Wenn der Ball die Mitte des Schlägers trifft, prallt er **direkt nach oben**.
- **Kantentreffer → schärferen Winkeln**: Wenn Sie in der Nähe der Kanten des Schlägers treffen, prallt der Ball **in extreme Winkeln ab,** was zum Erreichen von Ecken nützlich ist.
- **Leicht außermittige Treffer → kontrollierte Winkel:** Durch leichtes Anpassen der Flugbahn des Balls kann **die Platzierung des Schusses fein gesteuert** werden.

Strategien zur Vorhersage von Ballbewegungen

- **Beobachten Sie das Abprallmuster**: Blöcke und Wände reflektieren den Ball in gleichen Winkeln – nutzen Sie dies, um vorausschauend zu planen.
- **Den Schläger vorpositionieren**: Bewege dich in die erwartete Landezone, **bevor der Ball deinen Bereich erreicht**.
- **Nutzen Sie Wände zu Ihrem Vorteil**: Wenn Sie den Ball von Wänden abbringen, können Sie **schwer zugängliche Blöcke** beseitigen.

Winkeltricks für Highscores

- **Zick-Zack-Schuss**: Schlage den Ball in abwechselnden Winkeln, um die Anzahl der Blocktreffer pro Abpraller zu maximieren.
- **Wall Bounce Trick**: Wenn ein direkter Schuss nicht möglich ist, kann das Abprallen von einer Seitenwand zu unerwarteten Angriffswegen führen.

- **Verzögerter Drop-Shot**: Wenn Power-Ups wie **Sticky Paddle** verfügbar sind, kannst du sie verwenden, um **eine Pause einzulegen und auf Präzisionsschüsse zu zielen.**

7.3 Maximierung von Punktemultiplikatoren und Kombos

Um Highscores **in** Breakout Beyond *zu erreichen*, geht es nicht nur ums Überleben – es geht darum, **Kombos zu verketten und Multiplikatoren zu maximieren,** um effizient Punkte zu sammeln. Indem sie den Ball im Spiel halten und die strategische Platzierung der Schüsse nutzen, können die Spieler ihre Punktzahl drastisch erhöhen.

Funktionsweise von Punktemultiplikatoren

- **Aufeinanderfolgende Treffer erhöhen die Multiplikatoren**: Jedes Mal, wenn die Kugel einen Block durchbricht, ohne zu verfehlen, erhöht sich der Multiplikator **allmählich.**
- **Wenn Sie den Ball verlieren, wird der Multiplikator zurückgesetzt**: Wenn der Ball verloren geht, sinkt der Multiplikator **auf sein Standardniveau.**
- **Spezielle Blöcke bieten Bonusmultiplikatoren**: Einige Steine haben **punktesteigernde Effekte** , wenn sie zerbrochen werden.

Die besten Strategien zur Maximierung von Multiplikatoren

1. **Halten Sie den Ball in Bewegung**

- Vermeiden Sie Fehlschläge, indem Sie das Paddel **frühzeitig** positionieren.
- Verwende das **Power-Up "Sticky Paddle"**, um präzise Schüsse zu erzielen, die Streifen beibehalten.

2. **Fokus auf Kettenreaktionen**

- Verwende **Multi-Ball-Power-Ups, um** mehrere Bälle hüpfen zu lassen **und so das Kombo-Potenzial zu erhöhen.**
- Zerstöre **farblich verknüpfte Blöcke** nacheinander, um zusätzliche Punkte zu erhalten.

3. **Zielt zuerst auf Spezialblöcke**

- Einige Steine gewähren **doppelte oder dreifache Multiplikatoren** – priorisiere es, sie zu brechen.
- Verwenden Sie **die Winkelsteuerung**, um auf diese Blöcke vor den regulären zu zielen.

4. **Verwende Power-Ups, um Kombos zu verlängern**

- Feuerball und Sprengstoffeffekte **treffen mehrere Blöcke gleichzeitig** und erhöhen den Punktegewinn.
- Zeitlupen-Power-Ups helfen, Schlieren aufrechtzuerhalten, wenn die Ballgeschwindigkeit zunimmt.

5. **Vermeiden Sie Panikbewegungen**

- Überstürzte Würfe führen oft zu Fehlern und verpassten Kombos.
- Konzentrieren Sie sich auf **kontrollierte, gut platzierte Sprünge,** um den Multiplikator zu erweitern.

7.4 Teilnahme an Online-Bestenlisten

Für Spieler, die **ihre Fähigkeiten unter Beweis stellen** möchten, *bietet* Breakout Beyond **Online-Bestenlisten**, in denen sie gegen andere um die höchste Punktzahl antreten können.

So funktionieren Online-Bestenlisten

- **Globale und regionale Ranglisten**: Vergleichen Sie die Ergebnisse mit Spielern weltweit oder in bestimmten Regionen.
- **Wöchentliche und monatliche Turniere**: Tritt in zeitlich begrenzten Events an, um exklusive Belohnungen zu erhalten.
- **Freunde & private Bestenlisten**: Fordere Freunde heraus und verfolge deinen Fortschritt in privaten Bestenlisten.

Best Practices für den Aufstieg in den Bestenlisten

1. **Optimieren Sie Highscore-Läufe**

    o Spiele im **Endlosmodus oder im Herausforderungsmodus**, wo höhere Punktzahlen leichter erreichbar sind.
    o **Merken Sie sich Level-Muster**, um die Effizienz bei der Bewertung zu verbessern.

2. **Nutze Power-Ups, die die Punktzahl erhöhen, effizient**

    o Sparen Sie **Punktemultiplikatoren** für **lange Kombo-Serien**.
    o Aktiviere **Multi-Ball** nur, wenn es beherrschbar ist – verlorene Bälle können Kombos zunichte machen.

3. **Perfektionieren Sie Ihr Timing und Ihre Winkel**

   - **Meistern Sie die Ballkontrolle** , um die Schläge konstant zu halten.
   - Vermeiden Sie unnötige Risiken, die den Multiplikator zurücksetzen könnten.

4. **Von Top-Spielern lernen**

   - Sieh dir **Wiederholungen oder Strategievideos** von Top-Leaderboard-Spielern an.
   - Studiere die Positionierung des **Paddels, die Schusswinkel und die Nutzung von Power-Ups**.

5. **Tritt in Events an, um Bonusbelohnungen zu erhalten**

   - Einige zeitlich begrenzte Ranglisten-Events **bieten doppelte Multiplikatoren** oder einzigartige Power-Ups.
   - Die Teilnahme an speziellen Modi **erhöht dein Rangpotenzial**.

Kapitel 8: Freischaltbare Gegenstände und Anpassungen

8.1 Freischaltbare Skins und Paddel-Designs

Breakout Beyond bietet eine Vielzahl von **Skins und Paddeldesigns**, die es den Spielern ermöglichen, ihr Spielerlebnis zu personalisieren. Diese kosmetischen Optionen haben keinen Einfluss auf die Leistung, bieten aber einen **einzigartigen visuellen Stil** und können durch Fortschritt, Erfolge oder Herausforderungen im Spiel freigeschaltet werden.

Arten von freischaltbaren Skins

- **Klassische Skins**: Designs im Retro-Stil, die vom ursprünglichen *Breakout inspiriert sind.*
- **Futuristische Skins**: Neonbeleuchtete Paddel und Bälle mit Sci-Fi-Ästhetik.
- **Elementar-Skins**: Feuer-, Eis- und Blitz-Grafiken, die coole Effekte hinzufügen.
- **Thematische Event-Skins**: Zeitlich begrenzte Designs, die während besonderer Spielereignisse verfügbar sind.

Möglichkeiten zum Freischalten von Skins und Paddel-Designs

1. **Fortschritts-Freischaltungen**

   - Bestimmte Paddeldesigns werden durch **das Erreichen neuer Level-Meilensteine** verfügbar.
   - Spieler schalten neue Skins frei, indem sie **Herausforderungen im Abenteuermodus abschließen**.

2. **Erfolgsbasierte Belohnungen**

   - Das Brechen einer bestimmten Anzahl von Blöcken oder das Erreichen einer hohen Punktzahl gewährt exklusive Skins.
   - Wenn du ein Level beendest, ohne einen Ball zu verlieren, kannst du einen **seltenen Schläger-Skin** erhalten.

3. **Bestenliste und Event-Belohnungen**

   - Die bestplatzierten Spieler in **wöchentlichen oder monatlichen Bestenlisten** erhalten **einzigartige Skins**.
   - Saisonale Events führen **Anpassungsoptionen in limitierter Auflage** ein.

4. **In-Game-Store oder Mikrotransaktionen**

   - Einige Skins können **mit Spielwährung oder echtem Geld gekauft werden**.
   - Spezielle Bundles bieten **Themenpakete mit passenden Schlägern und Balldesigns**.

Anpassen Ihres Paddels

- Spieler können über das Anpassungsmenü auf ihre freigeschalteten Designs zugreifen.
- Bestimmte Skins enthalten animierte **Effekte** oder **Spuren, die dem Ball folgen.**
- Anpassungsoptionen helfen den Spielern, **sich in Multiplayer- und Bestenlisten-Rankings abzuheben.**

Das Freischalten und Verwenden verschiedener Skins **verleiht Breakout Beyond** eine persönliche Note und macht jedes Spiel einzigartig!

8.2 Verdienen von Erfolgen und Belohnungen

Erfolge in *Breakout Beyond* bieten **langfristige Ziele** und belohnen Spieler mit **Bonusinhalten** wie Skins, Spielwährung und Bestenlistenpunkten.

Arten von Erfolgen

1. Errungenschaften des Fortschritts

- Verdient durch **das Abschließen von Levels und das Aufsteigen im Abenteuermodus.**
- Beispiele:
  - *Erster Break* – Zerbrich deinen ersten Block.
  - *Beyond Beginner* – Schließe die ersten 10 Levels ab.

2. Geschicklichkeitsbasierte Erfolge

- Verliehen für das Ausführen fortschrittlicher Spieltechniken.

- Beispiele:
    - *Scharfschütze* – Triff 10 Blöcke hintereinander, ohne zu verfehlen.
    - *Perfekter Lauf* – Schließe ein Level ab, ohne einen Ball zu verlieren.

3. Kombo- und Punkteerfolge

- Erfolge, die an **Multiplikatoren, Serien und Highscores gebunden sind**.
- Beispiele:
    - *Combo-Master* – Bei 10x multiplizieren.
    - *Millionär* – Erziele über 1.000.000 Punkte in einem einzigen Spiel.

4. Geheime & Easter Egg-Errungenschaften

- Versteckte Herausforderungen, bei denen **Geheimnisse im Spiel entdeckt werden müssen**.
- Beispiele:
    - *Versteckter Pfad* – Finde einen geheimen Level-Eingang.
    - *Retro Revival* – Schalte einen klassischen *Breakout-Modus* frei .

So beanspruchen Sie Belohnungen

- **Erfolge gewähren Belohnungen** wie:
    - **Neue Paddel- und Balldesigns.**
    - **Bonus-Power-Ups für das Gameplay.**
    - **Boosts für die Rangliste der Rangliste.**
- Spieler können **ihren Fortschritt** im **Erfolgsmenü verfolgen**.

- Einige **seltene Erfolge schalten Trophäen oder Abzeichen** für Online-Profile frei.

8.3 Geheime Levels und Easter Eggs

Breakout Beyond verbirgt **geheime Levels und Easter Eggs** im gesamten Spiel und belohnt neugierige Spieler mit **Bonusherausforderungen, nostalgischen Rückblicken und exklusiven freischaltbaren** Gegenständen.

So entsperren Sie geheime Levels

1. **Versteckte Blöcke aufbrechen**

   o Einige Levels enthalten **unsichtbare oder verstärkte Blöcke**, die, wenn sie zerbrochen werden, ein Portal zu einer **versteckten Bühne** freigeben.
   o Halte Ausschau nach **Blöcken, die nicht normal auf** Balltreffer reagieren – sie benötigen möglicherweise mehrere Schläge oder ein Power-Up, um den Eingang freizulegen.

2. **Eingeben spezieller Codesequenzen**

   o In einigen Spielmodi kann die Eingabe einer **bestimmten Bewegungssequenz oder Tasteneingaben** im Hauptmenü versteckte Inhalte freischalten.
   o Beispiel: Wenn Sie die **originale Atari Breakout-Paddel-Sequenz** eingeben, wird möglicherweise ein **Retro-Level freigeschaltet**.

3. **Erreichen von Highscores in einem einzigen Durchlauf**

- Einige geheime Levels werden freigeschaltet, indem **man über einer bestimmten Schwelle punktet**, ohne ein Leben zu verlieren.
- Spieler, die **lange Kombo-Serien haben,** haben eine höhere Wahrscheinlichkeit, diese Level zu erreichen.

4. **Interagieren mit Hintergrundelementen**

- Einige Levels bieten **interaktive Landschaften –** wenn du bestimmte Objekte oder Wände mehrmals triffst, kann dies eine **geheime Warpzone auslösen.**

Im Spiel versteckte Ostereier

- **Retro-Breakout-Modus**: Eine versteckte Einstellung, die Grafiken und Soundeffekte auf den **ursprünglichen Breakout-Stil von 1976** zurücksetzt.
- **Entwickler-Signaturen**: Einige Levels enthalten **Initialen oder versteckte Nachrichten** von den Entwicklern des Spiels.
- **Referenzen zu klassischen Spielen**: Halte Ausschau nach Anspielungen auf **andere Arcade-Klassiker** wie Pong oder Space Invaders, die in Hintergrundgrafiken oder Levelnamen versteckt sind.
- **Mystery Power-Ups**: Seltene Power-Ups mit **unerwarteten Effekten**, wie z. B. das Umkehren der Zeit oder das Verlangsamen des Balls für ausgedehnte Kombos.

Durch das Erforschen und Experimentieren mit verschiedenen Spielmechaniken können die Spieler in Breakout Beyond *versteckte Überraschungen und einzigartige Herausforderungen entdecken!*

8.4 Anpassen der visuellen und akustischen Einstellungen

Die Anpassungsmöglichkeiten gehen über Paddel-Skins und Spielmodi hinaus – *Breakout Beyond* ermöglicht es den Spielern, **die visuellen und akustischen Einstellungen** zu optimieren, um ihr Erlebnis zu verbessern.

Visuelle Anpassungsoptionen

1. **Grafik-Modi**

   o **Klassischer Pixel-Modus**: Verleiht dem Spiel einen Retro-Look im Arcade-Stil.
   o **Moderner HD-Modus**: Flüssige Animationen, hochwertige Texturen und Partikeleffekte.

2. **Hintergrundthemen**

   o Wählen Sie aus einer Vielzahl von Hintergründen, darunter:
      ▪ **Weltraumnebel** (leuchtende Sterne und Planeten)
      ▪ **Cyber Grid** (Neonlichter und digitale Effekte)
      ▪ **Minimalistischer Modus** (ablenkungsfreie, einfache Farben)

3. **Ball & Paddle Effekte**

   o Aktivieren Sie **Spuren, Leuchteffekte oder einzigartige Ballfarben**.
   o Passen Sie **die Ballgröße oder die Geschwindigkeitseffekte** an, um ein anderes visuelles Gefühl zu erzielen.

4. **Optionen für Barrierefreiheit**

   o **Farbenblind-Modus**: Passt die Blockfarben für eine bessere Sichtbarkeit an.
   o **Reduzierter Bewegungsmodus**: Deaktiviert übermäßige visuelle Effekte für ein flüssigeres Gameplay.

Optionen zur Audioanpassung

1. **Musik & Soundeffekte**

   o Schalten Sie die Hintergrundmusik um zwischen:
     - **Klassische Arcade-Melodien**
     - **Synthwave-Beats**
     - **Entspannende Ambient-Tracks**
   o Passen Sie die Lautstärke der Soundeffekte für **Ballabpraller, Blockpausen und Power-Up-Aktivierungen** an.
2. **Ansager- und Spracheinstellungen**

   o Aktivieren oder deaktivieren Sie **den Sprachkommentar** für ein Arcade-ähnliches Gefühl.
   o Ändere den Ansagerstil von **Retro-Robotern** zu **modernen, energiegeladenen Stimmen**.
3. **Dynamischer Audio-Modus**

   o Die Musik ändert sich dynamisch je nach Spielgeschehen (z. B. **schnellere Beats, wenn die Ballgeschwindigkeit zunimmt**).

Durch das Anpassen dieser Einstellungen können die Spieler in **Breakout Beyond ein** personalisiertes, immersives Spielerlebnis schaffen , *das ihrem Stil und ihren Vorlieben entspricht*!

Kapitel 9: Multiplayer und Online-Funktionen

9.1 Lokale Genossenschaft: Gemeinsam zum Erfolg

Breakout Beyond bietet einen **lokalen Koop-Modus,** in dem sich zwei Spieler **auf demselben Bildschirm zusammenschließen** können , um gemeinsam Blöcke zu brechen. Dieser Modus führt einzigartige **kooperative Mechaniken und Herausforderungen** ein , die Teamwork und Kommunikation erfordern.

So funktioniert Local Co-op

- **Gemeinsame Paddelsteuerung**: In einigen Modi steuern beide Spieler ein **einzelnes, größeres Paddel**, das eine synchronisierte Bewegung erfordert.
- **Dual-Paddle-Modus**: Jeder Spieler steuert seinen **eigenen Schläger,** der auf gegenüberliegenden Seiten des Bildschirms positioniert ist.
- **Split Lives System**: Die Spieler teilen sich eine **begrenzte Anzahl von Leben,** daher ist strategische Koordination entscheidend.

Co-op-Strategien für den Erfolg

1. **Koordinieren von Paddelbewegungen**

- Vermeiden Sie es, **sich zur falschen Zeit in die gleiche Richtung** zu bewegen , da dies Lücken hinterlassen kann.
- Kommunizieren Sie beim Positionswechsel, um **mehr Raum effektiv abzudecken.**

2. **Aufteilung der Verantwortlichkeiten**

- Ein Spieler kann sich darauf konzentrieren, **den Ball abzulenken,** während der andere sich auf **das Schlagen von Power-Ups** konzentriert.
- Wenn du mit **zwei Schlägern** spielst, weise Rollen wie **Angriff (Zielen auf Blocks) und Verteidigung (Retten des Balls vor dem Fallen)** zu.

3. **Power-Ups mit Bedacht einsetzen**

- Einige Power-Ups betreffen beide Spieler – entscheide im Voraus , **wer welche einsammelt.**
- Wenn ein Spieler eine stärkere Winkelkontrolle hat, lass ihn sich **Multiball- oder Feuerball-Fähigkeiten** schnappen.

4. **Den Ball im Spiel halten**

- Je länger der Ball in Bewegung bleibt, desto höher steigt der **Punktemultiplikator.**
- Wenn beide Spieler aktiv Würfe rebounden, bauen sich Kombos schneller auf.

Das Spielen im **lokalen Koop-Modus** bietet ein **unterhaltsames, teambasiertes Erlebnis,** das Breakout Beyond *noch fesselnder macht,* wenn es mit einem Freund gespielt wird.

9.2 Online-Multiplayer: Gegen andere antreten

Für Spieler, die **kompetitives Gameplay** mögen, *bietet* Breakout Beyond **Online-Multiplayer-Modi**, in denen sie Gegner auf der ganzen Welt herausfordern können.

Online-Multiplayer-Modi

1. **1v1-Duell-Modus**

   o Die Spieler **treten gegeneinander an und** versuchen, Blöcke schneller als ihr Gegner zu brechen.

   o Spezielle Blöcke können Hindernisse **auf den Bildschirm des Gegners** schleudern.

2. **Kampf um das Überleben**

   o Ein **Battle-Royale-Modus**, in dem mehrere Spieler **darum kämpfen, am längsten zu überleben,** ohne ihr ganzes Leben zu verlieren.

   o Zufällige Power-Ups und Gefahren sorgen für **zusätzliche Herausforderungen**.

3. **Teambasierte Herausforderungen**

   o Die Spieler bilden **Teams von zwei oder mehr** Spielern, um **gemeinsam Level zu meistern**.

   o Das schnellste Team, das **alle Blöcke zerstört,** gewinnt.

4. **Ranglisten-Matches**

- ○ Beim kompetitiven Matchmaking werden die Spieler **basierend auf ihrer Leistung** in Ranglistenstufen eingeteilt.
- ○ Das Gewinnen von Matches erhöht den **Rang und die Belohnungen**.

Tipps zum Gewinnen von Online-Spielen

1. **Meistern Sie schnelle Reaktionen**

   - ○ Online-Gegner sind **unberechenbar**, daher sind schnelle Reflexe unerlässlich.
   - ○ Bleibe wachsam vor **Power-Ups, die die Geschwindigkeit oder Richtung des Balls ändern**.
2. **Verwenden Sie störende Taktiken**

   - ○ In einigen Spielmodi kannst du **Hindernisse schießen oder den Ball deines Gegners beschleunigen**.
   - ○ Konzentriere dich darauf, Blöcke strategisch zu brechen, um **das Tempo des Spiels zu kontrollieren**.
3. **Studiere die Spielstile deiner Gegner**

   - ○ Einige Spieler **legen Wert auf Power-Ups**, während andere sich auf **den Aufbau von Kombos** konzentrieren.
   - ○ Wenn Sie sich an ihren Stil anpassen, können Sie einen Vorteil haben.
4. **Erklimme die Ränge, um Belohnungen zu erhalten**

   - ○ Wenn du Ranglistenspiele gewinnst, **erhältst du exklusive Skins und Boni auf der Bestenliste**.

○ Wöchentliche Turniere können **spezielle Preise für die besten Teilnehmer** bieten.

Der Online-Multiplayer in *Breakout Beyond* bietet **endlose Wettbewerbsmöglichkeiten**, die jedes Match zu einem einzigartigen und aufregenden Erlebnis machen!

9.3 Bestenlisten und Ranglistensystem

Für kompetitive Spieler bietet *Breakout Beyond* eine **globale Rangliste und ein Ranglistensystem**, das es ihnen ermöglicht, ihren Fortschritt zu verfolgen und ihre Ergebnisse mit Spielern weltweit zu vergleichen.

Arten von Bestenlisten

1. **Globale Bestenliste**

    ○ Zeigt die **besten Spieler weltweit** basierend auf Highscores an.
    ○ Täglich **, wöchentlich und monatlich aktualisiert,** um neue Wettbewerbe zu ermöglichen.

2. **Freunde-Bestenliste**

    ○ Ermöglicht es Spielern, **Spielstände mit Freunden zu vergleichen.**
    ○ Fördert den freundschaftlichen Wettbewerb in kleinen Gruppen.

3. **Modusspezifische Bestenlisten**

    ○ Separate Bestenlisten für **den klassischen Modus, den Endlosmodus und Multiplayer-Schlachten.**

- Die Spieler können sich auf bestimmte Spieltypen spezialisieren.
4. **Eventbasierte Bestenlisten**

- Spezielle **saisonale oder zeitlich begrenzte Herausforderungen** mit exklusiven Belohnungen.
- Die Spieler kämpfen um **seltene Skins, Titel und Bonus-Power-Ups**.

Ranglistensystem im Online-Spiel

Multiplayer-Matches verfügen über ein **Ranglistensystem**, bei dem die Spieler **Punkte und Stufen** basierend auf ihrer Leistung verdienen.

Ranglisten-Stufen

- **Bronze** – Anfängerniveau, Erlernen der Mechanik.
- **Silber** – Fortgeschrittene Spieler, die sich auf Kombos und Strategie konzentrieren.
- **Gold** – Wettbewerbsfähige Spieler mit hohem Können.
- **Platin** – Erfahrene Spieler mit fortgeschrittenen Taktiken.
- **Diamond** – Top-Tier-Elite-Spieler, die um die Dominanz in der Rangliste kämpfen.
- **Legendär** – Exklusive Rangliste für die **besten 100 Spieler** jeder Saison.

Wie man die Ränge erklimmt

1. **Gewinne Multiplayer-Matches**

- Siege gewähren **Ranglistenpunkte**.
- Verlorene Spiele können zu **Punktabzügen führen**.

2. **Erziele große Erfolge im Einzelspielermodus**

   o Hohe Punktzahlen im **Endlosmodus und im Herausforderungsmodus** tragen ebenfalls zur Platzierung in der Bestenliste bei.
3. **Nimm an wöchentlichen Herausforderungen teil**

   o Spezielle Turniere bieten **Bonus-Ranglistenpunkte.**
4. **Siegesserien beibehalten**

   o Aufeinanderfolgende Siege in Ranglistenspielen **erhöhen die Geschwindigkeit des Fortschritts.**

Durch die Teilnahme am *Ranglistensystem von* Breakout Beyond können die Spieler **Prestige verdienen, Belohnungen freischalten und ihre Fähigkeiten** auf globaler Ebene unter Beweis stellen.

9.4 Zukünftige Updates und DLC-Inhalte

Breakout Beyond ist so konzipiert, dass es sich im Laufe der Zeit weiterentwickelt, mit **Updates, Erweiterungen und DLC-Inhalten,** die geplant sind, um das Gameplay frisch zu halten.

Geplante kostenlose Updates

1. **Neue Spielmodi**

   o *Versus-Modus*: Wettkampfkämpfe mit **Spezialfähigkeiten und benutzerdefinierten Arenen.**
   o *Speedrun-Modus*: Die Spieler rasen darum, **die Levels so schnell wie möglich zu beenden.**

2. **Zusätzliche Power-Ups**

   o *Gravity Ball*: Ein spezieller Ball, **der die Flugbahn aller Objekte in der Nähe verzerrt.**
   o *Time Freeze*: Verlangsamt das Spiel für **Präzisionsschüsse.**
3. **Erweiterter Level-Editor**

   o Spieler können **benutzerdefinierte Levels entwerfen und teilen.**
   o Community-Karten können **in offiziellen Playlists enthalten** sein.

DLCs und Premium-Erweiterungen

1. **Retro Revival Pack** *(Kostenpflichtiger DLC)*

   o Klassische *Breakout-Levels*, die in moderner Grafik **neu gestaltet wurden.**
   o **Original-Soundeffekte und Pixel-Art-Skins** für Nostalgie.
2. **Kosmische Erweiterung** *(kostenpflichtiger DLC)*

   o Levels zum Thema Weltraum mit **Anti-Schwerkraft-Mechanik.**
   o Neue von Außerirdischen inspirierte Paddeldesigns.
3. **Multiplayer-Arenen** *(kostenlose und kostenpflichtige Inhalte)*

   o Neue kompetitive Arenen mit **Umweltgefahren.**
   o Exklusive Belohnungen für Teilnehmer an Ranglistenspielen.

Wie Spieler auf dem Laufenden bleiben können

- Die Entwickler werden **Neuigkeiten und Update-Logs** im Spiel und in den offiziellen Foren veröffentlichen.
- Spieler können **in Community-Umfragen** über zukünftige Inhalte abstimmen.
- Zeitlich begrenzte Events bringen **thematische Herausforderungen und exklusive Freischaltungen** mit sich.

Kapitel 10: Tipps, Tricks und Fehlerbehebung

10.1 Häufige Fehler und wie man sie vermeidet

Selbst erfahrene Spieler können in *Breakout Beyond Fehler machen,* aber das Verständnis der häufigen Fallstricke kann helfen, die Leistung zu verbessern und die Punktzahl zu maximieren.

1. Schlechte Positionierung des Paddels

- **Fehler**: Zu lange an einer Stelle verweilen oder zu spät reagieren.
- **Lösung**: Halten Sie Ihren Schläger **zentriert** und passen Sie ihn **frühzeitig** an, um die Ballbewegung vorherzusagen.

2. Missbrauch von Power-Ups

- **Fehler**: Schnappen Sie sich jedes Power-Up, ohne die Situation zu berücksichtigen.
- **Lösung**: Priorisiere Power-Ups, die zu deinem Spielstil passen. Aktiviere zum Beispiel keinen **Multiball,** wenn du Schwierigkeiten hast, einen einzelnen Ball zu kontrollieren.

3. Übermäßiges Vertrauen in schnelle Bewegungen

- **Fehler**: Er bewegte sich zu aggressiv und verpasste einfache Rebounds.
- **Lösung**: Verwenden Sie **sanfte, kontrollierte Bewegungen** und vermeiden Sie unnötige schnelle Zuckungen.

4. Ignorieren von Ballwinkeln

- **Fehler**: Den Ball zufällig treffen, anstatt strategische Winkel zu verwenden.
- **Lösung**: Nutze die **Kanten deines Paddels**, um die Flugbahn zu kontrollieren und **schwierige Blöcke anzuvisieren**.

5. Vergessen Sie die Punktemultiplikatoren

- **Fehler**: Passives Spielen ohne Maximierung der Combo-Ketten.
- **Lösung**: Halte den Ball so lange wie möglich im Spiel, durchbreche mehrere Blöcke mit einem Schuss und ziele zuerst auf hochwertige Ziele.

Durch die Vermeidung dieser Fehler können die Spieler die Konsistenz verbessern, höhere Punktzahlen erzielen und in *Breakout Beyond weiter vorankommen.*

10.2 Fehlerbehebung bei Leistungsproblemen

Wenn *Breakout Beyond* nicht reibungslos läuft, führen Sie die folgenden Schritte zur Fehlerbehebung aus, um häufige Leistungsprobleme zu beheben.

1. Niedrige FPS (verzögertes oder abgehacktes Gameplay)

- **Ursachen**:
  - Hohe Grafikeinstellungen auf einem **Low-End-Gerät**.

- ○ Hintergrund-Apps, die zu viele Ressourcen verbrauchen.
- **Lösungen**:
  - ○ Niedrigere Grafikeinstellungen (**Deaktivieren von Schatten, Bewegungsunschärfe und zusätzlichen visuellen Effekten**).
  - ○ Schließen Sie nicht benötigte Apps, die im Hintergrund ausgeführt werden.
  - ○ Aktualisieren Sie **die Grafiktreiber** , wenn Sie auf dem PC spielen.

2. Das Spiel stürzt ab oder friert ein

- **Ursachen**:
  - ○ Veraltete Spielversion.
  - ○ Beschädigte Installationsdateien.
- **Lösungen**:
  - ○ Suchen Sie nach **Spielupdates**.
  - ○ Überprüfen Sie die Spieldateien (Steam/Epic Launcher) oder **installieren Sie das Spiel neu**.

3. Eingabeverzögerung oder nicht reagierende Steuerelemente

- **Ursachen**:
  - ○ Wireless-Controller haben möglicherweise eine **langsame Reaktionszeit**.
  - ○ Die Systemlatenz wirkt sich auf die Eingabegeschwindigkeit aus.
- **Lösungen**:
  - ○ Verwenden Sie einen **kabelgebundenen Controller,** oder optimieren Sie die Controller-Einstellungen.

- Reduzieren Sie **die Einstellungen für die Systemlatenz** im Spielmenü.

4. Probleme mit der Multiplayer-Konnektivität

- **Ursachen**:
    - Langsame oder instabile Internetverbindung.
    - Serverausfälle oder Wartung.
- **Lösungen**:
    - Wechseln Sie für mehr Stabilität zu einer **kabelgebundenen Internetverbindung**.
    - Überprüfen Sie den **Serverstatus des Spiels** auf Updates zu Ausfallzeiten.

10.3 Verbesserung der Reaktionszeit und Präzision

Schnelle Reflexe und präzise Bewegungen sind entscheidend, um *Breakout Beyond zu meistern*. Hier sind einige bewährte Möglichkeiten, um Ihre Reaktionsgeschwindigkeit und Paddelkontrolle zu verbessern.

1. Trainieren Sie Ihre Auge-Hand-Koordination

- Konzentriere dich auf die **Flugbahn des Balls** und nicht nur auf den Schläger.
- Halte deine Augen etwas **vor dem Ball**, um seine Bewegung vorherzusagen.
- Verwende einen **Monitor mit hoher Bildwiederholfrequenz**, wenn du auf dem PC spielst, um flüssigere Bewegungen zu erzielen.

2. Optimieren Sie Ihre Steuerungseinstellungen

- Passen Sie die **Empfindlichkeitseinstellungen** an, um ein Gleichgewicht zwischen Geschwindigkeit und Genauigkeit zu finden.
- Wenn Sie einen Controller verwenden, testen Sie **sowohl den Analogstick als auch das Steuerkreuz**, um zu sehen, welches eine bessere Steuerung bietet.
- Stellen Sie auf einer Tastatur sicher, dass Ihre **Tastenbelegung für** schnelle Bewegungen bequem ist.

3. Verwenden Sie Trainingsübungen

- **Reaktionsübungen**: Spiele mit schnelleren Einstellungen für die Ballgeschwindigkeit, um die Reflexe herauszufordern.
- **Präzisionsübungen**: Versuchen Sie, **bestimmte Blöcke zu treffen**, anstatt nur den Ball im Spiel zu halten.
- **Überlebensmodus**: Übe **längere Ballwechsel**, um Ausdauer und Konstanz zu verbessern.

4. Bleiben Sie unter Druck entspannt

- Anspannung verlangsamt die Reaktionsgeschwindigkeit – halten **Sie Ihren Controller oder Ihre Maus leicht im Griff.**
- Machen Sie kurze Pausen, wenn Sie feststellen, dass **die Leistung aufgrund von Ermüdung nachlässt.**

5. Lernen Sie aus Wiederholungen und Spielern mit hohen Punktzahlen

- Sehen Sie sich **Wiederholungsaufnahmen** an, um Fehler zu analysieren.

- Beobachte Leaderboard-Spieler, um zu sehen, **wie sie Ballwinkel und Geschwindigkeit kontrollieren.**

10.4 FAQs und Entwickler-Support

Häufig gestellte Fragen

F1: Was soll ich tun, wenn mein Fortschritt nicht gespeichert wird?

A: Stellen Sie sicher, dass Sie **bei Ihrem Konto angemeldet sind** und dass Cloud-Speicherstände aktiviert sind. Wenn Sie eine Konsole verwenden, suchen Sie nach Problemen mit **dem Systemspeicher.**

F2: Kann ich *Breakout Beyond* offline spielen?

A: Ja, das Spiel unterstützt **den Offline-Einzelspielermodus.** Für den Online-Mehrspielermodus und die Bestenlisten ist jedoch eine Internetverbindung erforderlich.

F3: Warum werden meine Power-Ups nicht aktiviert?

A: Einige Power-Ups benötigen **bestimmte Bedingungen** , um ausgelöst zu werden. Überprüfen Sie, ob Sie eine Aktivierungstaste drücken müssen oder ob bereits ein anderes Einschalten wirksam ist.

F4: Wie melde ich einen Fehler oder ein Problem?

A: Nutze die **Meldefunktion** im Spiel unter "Einstellungen" oder besuche die **offizielle Support-Seite** , um ein Ticket einzureichen.

Kontaktaufnahme mit dem Entwickler-Support

- **Offizielle Website**: [Entwickler-Website einfügen]
- **Support-E-Mail**: [Support-E-Mail einfügen]
- **Community-Foren und Discord**: Schaut auf den offiziellen Community-Seiten vorbei, um **Hilfe von anderen Spielern und Entwickler-Updates** zu erhalten.

Durch die Nutzung dieser Ressourcen können Spieler Probleme schnell beheben und **über neue Patches, Fehlerbehebungen und kommende Inhalte** in *Breakout Beyond auf dem Laufenden bleiben*!

www.ingramcontent.com/pod-product-compliance
Lightning Source LLC
Chambersburg PA
CBHW071010050326
40689CB00014B/3563